Stephan Grünewald

Die erschöpfte Gesellschaft

Das Buch

In mehreren tausend Tiefeninterviews und zahlreichen Studien, die Stephan Grünewald in den letzten Jahren mit dem rheingold-Institut durchgeführt hat, zeigt sich immer stärker ein bedenkliches Bild: Blinder Leistungsdruck und besinnungslose Betriebsamkeit treiben zunehmend viele Menschen in die Erschöpfung – und rauben ihnen die Schöpferkraft.

Stephan Grünewalds scharfsinnige Analyse öffnet die Augen für den Weg aus dem Hamsterrad, zurück zu mehr Kreativität, Inspiration und Innovation. Denn in seinen besten Zeiten war Deutschland stets das Land der Träumer und Querdenker. Das aktuelle und inspirierende Buch des Experten für die Psyche der Deutschen nun auch im Taschenbuch.

Der Autor

Stephan Grünewald ist Mitbegründer und Geschäftsführer des rheingold-Instituts für Kultur-, Markt- und Medienforschung. Der Diplom-Psychologe und ausgebildete Psychotherapeut ist ein gefragter Experte in Medien und Wirtschaft. 2006 erschien sein Bestseller »Deutschland auf der Couch«.

Stephan Grünewald

Die erschöpfte Gesellschaft

Warum Deutschland
neu träumen muss

HERDER

FREIBURG · BASEL · WIEN

HERDER spektrum Band 6700

MIX
Papier aus verantwor-
tungsvollen Quellen
FSC® C083411

Umschlaggestaltung: Kathrin Keienburg-Rees
Umschlagmotiv: © Lichtstark – photocase.de
Herstellung: CPI books GmbH, Leck

Printed in Germany

978-3-451-06700-6

Inhalt

Einleitung

Den Anstoß zu diesem Buch haben zwei Beobachtungen gegeben, die ich als Psychologe sowohl in meinem privaten Umfeld als auch in der gesamten Gesellschaft immer wieder mache: Die Unruhe vieler Menschen hat in den letzten Jahren zugenommen, und mit dieser Unruhe scheint sich auch das Ausmaß ihrer Erschöpfung zu steigern. Der normale Alltag ist häufig davon bestimmt, sich abzuhetzen und einer Flut von Terminen hinterherzulaufen. Das Berufs- und Privatleben ist mit vielen und ständig neuen Anforderungen überfrachtet, und oft fällt man am Ende des Tages ausgepowert ins Bett. Woher kommt diese Unruhe? Und ist die Erschöpfung der notwendige Preis für unseren Wohlstand?

Vielen Menschen erscheint die Zukunft wie ein schwarzes Loch. Angesichts der Menge an Krisengespenstern, die durch die Medien geistern, spüren sie das Ende der bisherigen Maximierungskultur mit ihrem »schneller, höher, weiter«, aber sie haben überhaupt keine Vorstellung davon, wohin die Reise geht.

Als Gegenmaßnahme gegen diese beunruhigende Zukunftsungewissheit schalten viele Menschen auf Autopilot um. Sie dynamisieren das tägliche Hamsterrad und wollen gerade durch ihre gesteigerte Betriebsamkeit beweisen, dass sie handlungsfähig sind und scheinbar alles im Griff haben. Diese Überbetriebsamkeit bis hin zur Erschöpfung lässt den Alltag aber auch häufig als leer und sinnlos, als eine ewige Wiederholungsschleife erscheinen. Der Tribut unserer überdrehten Lebensführung wird immer auffälliger. Mit der fehlenden Möglichkeit, zur Ruhe zu kommen, uns infrage zu stellen und eine neue Perspektive für unsere Lebenswünsche zu finden, verlieren wir unseren inneren Kompass aus dem Blick. Oft geht es uns nur noch darum zu funktionieren, und wir taumeln gehetzt und weitgehend fremdbestimmt durch den Alltag. Aber wollen wir »alternativlos« – wie es so bezeichnend in der Politik heißt – auf diese Weise weiterleben? Sollen die nächsten zehn Jahre ständig von Leistungsdruck, von Effizienzdiktaten, von Rettungsversuchen und letztlich von besinnungsloser Betriebsamkeit bestimmt sein?

Die Gewinnung einer neuen Lebensautonomie ist für mich die große Herausforderung unserer Zeit. Wir brauchen ein neues Maß dessen, was machbar, lebbar, verträglich ist. Wir brauchen eine neue Idee, wofür wir leben wollen. Dabei kann uns weder die Ökonomie noch die rationale Vernunft helfen, sondern der Bezug auf uns selbst und unsere Träume.

Denn das Träumen ist ein wichtiges Korrektiv zur Überspanntheit des Tages. Der Traum ist nicht sinnlos und auch kein Hirngespinst, er ist ein produktives Selbstgespräch der Seele. Vor allem das nächtliche Träumen macht uns auf Wünsche oder Probleme aufmerksam, die in der hektischen Betriebsblindheit des Tages aus unserem Blick geraten sind. Ohne das Träumen rennen wir uns fest in einem rasenden Stillstand. Mit meinem Buch möchte ich dazu beitragen, dass wir dem Träumen wieder einen größeren Platz in unserem Leben und in der Gesellschaft insgesamt einräumen.

Denn Deutschland ist nicht nur das Land der Effizienz- und Leistungsstärke, sondern auch das Land der Träumer und Querdenker. Deutschland kann seine dynamische Unruhe mithilfe des Träumens in Erfindungs- und Schöpfergeist verwandeln.

Das Träumen ist eine Voraussetzung für Veränderung und Innovation: Erfindungen, technische Errungenschaften, naturwissenschaftliche Entdeckungen sind ebenso wie künstlerisches Schaffen oder philosophische Weltdeutung nur möglich, wenn man sich aus dem rationalen Denken löst und die Welt einmal traumanalog mit anderen Augen sieht.

Der psychologische Blick

Eben dies – die Welt traumanalog mit anderen Augen zu sehen und anschaulich zu analysieren, welche oft seltsamen Mechanismen uns in die Erschöpfung treiben – bildet den Ausgangspunkt meines Buches. Ich bin davon überzeugt, dass der psychologische Blick auf unsere Gesellschaft ein tieferes Verständnis für unsere Ängste, Träume und Zwickmühlen schafft. Als Leiter des rheingold-Instituts erfahre ich, was die Menschen in unserem Land wirklich bewegt. Jedes Jahr liegen circa 7000 Männer und Frauen aus allen Altersgruppen und Bevölkerungsschichten bei rheingold sinnbildlich auf der Psychologencouch. In jährlich mehr als 200 Studien, die wir für Unternehmen, Medien oder öffentliche Träger durchführen, ergibt sich ein vielschichtiges und meist überraschendes Bild, wie sich Lebenssituationen und auch Lebensträume etwa von Frauen und Müttern, von Jugendlichen und Senioren derzeit verändern. Die Auswirkungen der digitalen Medienrevolution durch Google, Apple oder Facebook auf unser Zusammenleben werden dabei beleuchtet, so wie auch die Wandlungen der Sexualität oder die Veränderung des Ernährungsverhaltens. Die neue Sehnsucht der Menschen nach einer heilen und heimeligen Welt ist ebenso Gegenstand unserer Forschung wie das schwindende Vertrauen in die Parteien und Politiker oder die Restauration bürgerlich-moralischer Werte.

Obwohl diesem Buch viele tausend Tiefeninterviews zugrunde liegen, die wir – meine Partner, meine Kollegen und ich – seit meinem ersten Buch *Deutschland auf der Couch* durchgeführt haben, werden Sie darin weder Zahlen noch Statistiken finden. Denn es geht mir im Folgenden darum, anschaulich die großen Sinnzusammenhänge und Entwicklungslinien nachzuzeichnen, die den Wandel der Gesellschaft im Innersten bestimmen. Ich bin davon überzeugt, dass eine pointierte Beschreibung alltäglicher und gesellschaftlicher Phänomene unmittelbarer, berührender, eindringlicher und letztendlich auch verständnisvoller ist als abstrakte Statistiken oder Tabellen. Zahlen und Statistiken bieten zwar die Illusion der Kontrolle und Berechenbarkeit und ermöglichen es den Experten, mit dem erhobenen Datenmaterial virtuose mathematische Operationen durchzuführen. Aber sie verstellen den Blick auf die subtilen oder seltsamen Qualitäten, die inneren Widersprüche, die mitunter verstörende oder beglückende Schicksalswucht, die in diesen gesellschaftlichen Phänomenen »lebt«.

Die zweistündigen psychologischen Tiefeninterviews, die wir am rheingold-Institut mit den Menschen durchführen, leben durch ihre intensive Begegnungsqualität. Der Psychologe arbeitet nicht einfach einen Fragenkatalog ab, sondern er begibt sich gemeinsam mit den Befragten auf eine abenteuerliche Reise durch ihre Alltagswirklichkeit. Es eröffnet sich ein vertrauensvoller Raum, in dem auch das Peinliche, das Aberwitzige und das Unerhörte ausgebreitet werden kann, weil es eben nicht bewertet, sondern so lange vertieft wird, bis sich ein anderes Verständnis des vermeintlich Selbstverständlichen entwickelt hat.

Jenseits der Erstarrung

Die Welt, in der wir leben, sieht sicherlich für jeden Einzelnen anders aus. Sie hat ihre spezifischen Schattierungen und einzigartigen Ausbuchtungen. Trotz aller individuellen Unterschiede gibt es jedoch gemeinsame Grundzüge, ein ähnliches Empfinden von Rastlosigkeit, Zweifel, Allmacht oder Ohnmacht. Um diese übergreifenden Stimmungen, Erlebensformen und Verhältnisse, die den Zeitgeist und das Gesellschaftserleben prägen, deutlicher zum Ausdruck zu bringen, spreche ich bei meinen Beschreibungen und Analysen häufig von »wir«, von »uns« als Gesellschaft. Ebenso verzichte ich an bestimmten Stellen bewusst darauf, meine Befunde – etwa zu den Jugendlichen, zu den Müttern oder den Senioren – in eine Vielzahl von Typen und Untertypen auszudifferenzieren, da mir Anschaulichkeit und Nachvollziehbarkeit wichtiger sind als Detailakribie.

Eine ebenso kritische wie liebevolle Spiegelung gesellschaftlicher Zustände ist nur möglich, wenn man den Mut hat, wie in einer Charakterstudie die typischen Züge zuzuspitzen. Ein Porträt kann das Wesen eines Menschen oder einer Gesellschaft mitunter besser erfassen als eine scheinbar objektive Fotografie. Auch wenn man sich um Objektivität bemüht – sie bleibt im Bereich der Kulturpsychologie wie auch in der Geschichtsschreibung ein unerfüllbares Ideal. Denn allein die Auswahl, die Zusammenstellung und die Dramaturgie der Befunde oder Zeiterscheinungen stellen einen subjektiven schöpferischen Akt des Autors dar. Ich sympathisiere in dieser Frage mit der Auffassung des Kulturhistorikers Egon Friedell, der die Abfassung eines rein objektiven Geschichtswerkes als schier unmöglich erachtete. Er räumte zumindest ein: »Sollte aber einmal ein Sterblicher die Kraft finden, etwas so Unparteiisches zu schreiben, so würde die Konstatierung dieser Tatsache immer noch große Schwierigkeiten machen: Denn dazu gehörte ein zweiter Sterblicher, der die Kraft fände, etwas so Langweiliges zu lesen.«[1]

Ich möchte Sie einladen, mit mir gemeinsam lebensfeindliche Glücks- und Perfektionsideale zu hinterfragen, die uns in die Erschöpfung getrieben haben. Den Zugang zu Lebenssinn und neuen Perspektiven finden wir, wenn wir uns selbst auf die Schliche kommen. Wenn wir bereit sind, uns von absoluten und damit falschen Wunschträumen zu verabschieden, und den Mut haben, immer wieder neu zu träumen, gewinnen wir eine neue Souveränität.

TEIL I

Das Diktat
der Unruhe

Eine Gesellschaft wächst mit ihrer Fähigkeit
zu träumen, und sie geht unter durch ihre Flucht
in einen absoluten Wunschtraum.

KAPITEL 1

Erschöpfung

Der Tribut einer traumlosen Gesellschaft

Unruhe und Krisenpermanenz

Unser Leben dreht sich immer schneller, wir hetzen von einem Termin zum anderen, sind getrieben von einer inneren Unruhe – zumindest haben viele von uns dieses Gefühl. Wie sehr sich in den letzten Jahren der Rhythmus unseres Alltags beschleunigt hat, habe ich bereits in meinem Buch *Deutschland auf der Couch* beschrieben: Wie in einem Hamsterrad wird die Unruhe in immer schnellere Umdrehungen übersetzt und wir geraten in einen Zustand besinnungsloser Betriebsamkeit. Zwar sind wir rund um die Uhr emsig, rackern uns nach Kräften ab, wissen aber oft gar nicht, was wir da eigentlich machen – und vor allem warum. Die seit Jahren schwelende Wirtschafts- und Finanzkrise verstärkt diese innere Unruhe zusätzlich und damit auch den Fluchtreflex in die Überbetriebsamkeit.

Dabei ist die Krise, obwohl sie seit Jahren wie ein Schreckgespenst durch die Medien geistert, für die meisten Menschen gar nicht wirklich greifbar. Denn im konkreten Alltag ist sie für die meisten noch gar nicht angekommen. Der eigene Arbeitsplatz scheint nach wie vor sicher. Der Euro ist noch da. Der Geldautomat spuckt wie eh und je Geld aus. Im Supermarkt gibt es frisches Biogemüse genauso wie Kartoffelchips. Deutschland steht im internationalen Vergleich vorbildlich da. Und bei der

Europameisterschaft haben wir mal wieder gezeigt, dass man in Zukunft unbedingt mit uns rechnen muss.

Die Rettungsbeschwörungen der Politik und die Durchhalteparolen, wonach dies und jenes und alles Mögliche »alternativlos« sei, finden ihre Entsprechung in den Normalitätsbeschwörungen der Menschen. Die Krise wird ausgeblendet, indem viele von uns im Alltag den Autopiloten anwerfen. Sie klammern sich an ihre Routinen, an die gewohnten Arbeitsabläufe und betreiben Business as usual.

Psychologisch betrachtet hat die sogenannte Krise Ähnlichkeiten mit einem nächtlichen Albtraum, den wir nach dem Aufwachen sogleich wieder abschütteln wollen. Denn sie ist mit dem Gefühl verbunden, plötzlich und unerwartet in unüberschaubare Verhältnisse geraten zu können. Besonders besorgniserregend ist es, dass kein Experte, kein Politiker und keines der großen Wirtschaftsinstitute den Ausbruch der Krise vorhersagen konnten. Aber auch nach ihrem Ausbruch bleibt die Krise kaum fassbar und erklärbar.

Medien und Experten bemühen sich zwar redlich und unermüdlich um Aufklärung, dennoch fällt es uns schwer, die Orientierung zu finden oder den Überblick über die Krisendynamik zu behalten. So bleibt das dumpfe Gefühl, von dunklen Mächten der Finanzwelt bedroht zu werden. Man fühlt sich einem abstrakten Getriebe hilflos ausgeliefert, das in seinen Reparaturversuchen immer neue Krisendimensionen heraufbeschwört: Aus der Immobilienkrise wird die Bankenkrise. Die Bankenkrise führt zu staatlichen Schuldenkrisen. Die wiederum entwickeln sich zur Eurokrise und dem drohenden Verlust aller ökonomischen Sicherheiten.

Wie in einem Albtraum haben wir häufig das Gefühl, nicht von der Stelle zu kommen. Wir verspüren eine kafkaeske Krisenpermanenz, sehen uns geradezu umstellt von Krisen, die einfach nicht vergehen wollen. Zwar gab es auch in früheren Zeiten Krisen, aber die schienen endlich, sie wurden irgendwann einmal Vergangenheit, weil sie ausgestanden oder behoben waren.

Unsere Krise hingegen entwickelt sich zum ewigen Wiedergänger, zum Zombie, der einfach nicht totzukriegen ist. Zwei Jahre nach der Fukushima-Katastrophe strahlt der Reaktor immer noch. Im Nahen Osten brechen an immer neuen Orten Konflikte aus, auch dort, wo die Entwicklung vielversprechend schien. Für Griechenland wird ein Rettungs-Sirtaki nach dem anderen getanzt, aber sogleich kündigt sich die nächste Pleite an. Der Euro scheint immer noch bedroht. Und es tobt der endlose Streit um die Mobilisierung der Eurobonds – das Fanal zum letzten Rettungsgefecht.

Kennzeichnend für die Krisenstimmung ist das Gefühl, zwar noch sicheren Boden unter den Füßen zu haben, aber jeden Moment ins Bodenlose stürzen zu können – in ein gewaltiges schwarzes Loch, das nicht nur Menschen, nicht nur Immobilien und Banken, sondern auch ganze Staaten schlucken kann. Und mit diesem Gefühl ist die traumatische Vorstellung verbunden, jedwede Handlungsfähigkeit zu verlieren und in einen Zustand völliger Ohnmacht zu geraten. Auch wenn wir uns aktuell nicht im freien Fall befinden, spüren wir doch die Brüchigkeit der aktuellen Verhältnisse.

Und das führt dazu, dass viele von uns den Glauben an die kapitalistische Maximierungskultur verloren haben, die Deutschland seit Wirtschaftswundertagen immer wieder befeuert und getröstet hat. Niemand glaubt mehr daran, dass der nächste Aufschwung alle Probleme lösen wird, ja nicht einmal, dass er es kann. Die Menschen haben das Gefühl, sich mitten in einer grundsätzlichen Zeitenwende zu befinden. Aber keiner weiß, wohin diese Reise geht.

Und wer kann das Land verlässlich und kompetent aus der Krise führen? Ebenfalls lautet die Antwort: keine Ahnung. Denn spätestens nach der für viele enttäuschenden »Fahnenflucht« von Horst Köhler, der Wankelmütigkeit von Christian Wulff oder der Kopierfreude des Hoffnungsträgers zu Guttenberg misstraut der Bürger der Verlässlichkeit vor allem der männlichen Politiker. Ein gutes, weil reales Sinnbild für den politischen Albtraum ist das im Januar 2012 havarierte Kreuzfahrtschiff Costa Concordia: Der Wohlfahrtskreuzer ist leckgeschlagen und in eine bedrohliche Schräglage geraten. Doch der Kapitän war einer der ersten, der nach dem Unfall von Bord gegangen ist und die Passagiere im Stich gelassen hat. Kein Wunder, dass sich die Reisegäste derzeit vor allem an mütterliche Gestalten wie Angela Merkel und Hannelore Kraft klammern, die in unsicheren Zeiten Konstanz und Verlässlichkeit vermitteln.

Im Versuch, das ganze Leben als leicht sedierten, aber dennoch überaktiven Wachzustand zu gestalten, bannen wir das Gefühl, tatsächlich in diesen Albtraum geraten zu können: »Bloß nicht träumen«, lautet die unbewusste Devise. Lieber mit aller Macht die Normalität beschwören.

Die Flucht in die Überbetriebsamkeit

Vor allem ist es wichtig, in jeder Lage die eigene Handlungsfähigkeit beweisen zu können. So soll die Angst abgewehrt werden, durch die Krise in einen Zustand totaler Ohnmacht zu geraten. Seit Ausbruch der Krise konnten wir in zahlreichen Studien eine Zunahme von Aktivitäten wie Putzen oder Heimwerken feststellen. Die häuslichen Kleinkriege und privaten Bodenoffensiven, die beim Putzen mithilfe eines hochgerüsteten Reinigungsarsenals geführt werden, vermitteln das siegreiche Gefühl, feindliche

Eindringlinge abwehren zu können. Zumindest daheim erleben wir uns als Herr oder Herrin der Lage.

Von der Flucht in die Überbetriebsamkeit zeugt auch der private Konsum. Davon hat in den letzten Jahren nicht zuletzt die deutsche Binnenwirtschaft profitiert, denn der nach der Krise erwartete Konsumeinbruch blieb überraschenderweise aus. Selbst 2009 trotzten die Deutschen den Hiobsbotschaften und feierten eine Art »Konsumkarneval«.

Denn der Karneval ist das Fest der letzten Stunde. Es läutet den Beginn einer Fastenzeit voller persönlicher Einschränkungen und Verzichtsleistungen ein. Vor dem drohenden Aschermittwoch wollte man das Leben noch einmal richtig genießen. Als der Aschermittwoch jedoch ausblieb, dominierte der »Wertekonsum«: die üblichen deutschen Spartendenzen. Wer sowieso fürchtet, dass die abstrakten Geldwerte, die er über Jahre oder Jahrzehnte gehortet hat, sich irgendwann in Luft auflösen, von schwarzen Löchern geschluckt werden oder zusammen mit neuen Spekulationsblasen platzen, verwandelt die abstrakten lieber in handfeste Werte. So investieren die Deutschen fleißig in Häuser und Wohnungen, kaufen Autos, Flachbildschirme oder Sofas. Und möblieren auf diese Weise die sicheren heimischen Rückzugsgebiete.

Viele Unternehmen nutzen gleichfalls diese Tendenz zur Überbetriebsamkeit und verstärken sie zusätzlich. Sie begegnen dem drohenden Einbruch der Krise mit Appellen zur Leistungssteigerung und mit der Erhöhung ihres Effizienzdiktates. Der Leistungsdruck von Seiten der Unternehmensspitze nimmt zu. Aber auch die führenden Manager – vor allem die in international operierenden Konzernen – werden mit ehrgeizigen und kaum erfüllbaren Wachstums- und Renditezielen traktiert, die sie dann an die Belegschaft weitergeben.

Von jedem einzelnen Mitarbeiter wird ein Höchstmaß an

persönlicher Flexibilität verlangt. Unbezahlte Überstunden sind mittlerweile, so scheint es, selbstverständlich, gehören geradezu zur Firmenordnung. Auch nach Feierabend oder an freien Tagen hat man für das Unternehmen zur Verfügung zu stehen. Arbeitsbereiche, für die früher verschiedene Personen oder Abteilungen verantwortlich waren, werden komprimiert. Mitarbeiter müssen sich in Rekordzeit in neue Arbeitsbereiche einfinden und mit neuen Tools operieren. Bei alledem steigt die Angst, die gesetzten Erwartungen nicht zu erfüllen oder gar krank zu werden. Die Zahl der Krankmeldungen ist daher seit Jahren rückläufig.

Erschöpfungsstolz statt Werkstolz

Psychologisch stellt sich die Frage, wieso sich die meisten Menschen diesem Leistungsdiktat unterwerfen. Wieso findet kein offener Widerstand gegen übermenschliche Beanspruchung und sinnfreies Arbeiten statt? In der Arbeitshaltung vieler Menschen scheint ein grundsätzlicher Wandel eingetreten zu sein, der dem Leistungsdiktat in die Karten spielt. Der Werkstolz früherer Zeiten ist einem Erschöpfungsstolz gewichen.

Stolz sind wir nicht mehr auf das geleistete Tagwerk, den Bericht, den wir verfasst, die Bestellung, die wir erledigt haben, das Werkstück, das fertiggestellt oder repariert wurde, die Unterrichtsstunde oder das Meeting, die wir bestritten haben. Stolz sind wir heute auf den Grad der Erschöpfung, den wir uns im Laufe des Arbeitstages »erkämpft« haben. Wir wissen zwar oft nicht mehr genau, was wir gemacht und mit welchem Sinn wir es betrieben haben. Aber an der bleiernen Müdigkeit spüren wir, dass wir uns doch rechtschaffen abgearbeitet haben. Die Frage, ob unser Tag erfolgreich, befriedigend oder erfüllend war, macht sich also nicht an der Qualität der geleisteten Arbeit fest, sondern am Ausmaß unseres eigenen Ausgelaugt- und Gestresstseins.

Dadurch droht das Arbeitspensum, das wir uns zumuten, jedoch maßlos zu werden, denn wir erkennen den Zeitpunkt des Aufhörens nicht mehr. Das Werk gibt ein natürliches Maß und eine organische Rhythmik vor. Es verlangt Pausen, etwa weil die Farbe trocknen muss oder weil man seine Gedanken sortieren muss, bevor der nächste Schritt gemacht werden kann. Die Qualität des Werkes erfordert es, innezuhalten, Abstand zu gewinnen, die Perspektive zu wechseln, weitere Materialien zu besorgen oder die Sache zu überschlafen. Mit ihm ist auch eine Endlichkeit verbunden: Man weiß oder spürt zumindest, wann das ganze Werk oder eine Werketappe fertiggestellt ist.

Die Erschöpfung lässt sich dagegen scheinbar beliebig steigern. Im Sinne der Erschöpfung sind Pausen keine Gelegenheiten der Regeneration und des Kräftesammelns, sondern Zeitlöcher, durch die das Gefühl der Ermattung entrinnen kann. Diese Zeitlöcher müssen durch eine Vielzahl von kleinen Tätigkeiten gefüllt werden, und zwar möglichst dicht. Nur so entsteht das Gefühl einer daueraktivierten Angespanntheit, die dann hoffentlich nach acht, zehn oder zwölf Stunden in den Zustand totaler Erschöpfung übergeht, der einem selbst und den Kollegen signalisiert: »Es geht jetzt wirklich nicht mehr.«

Die Erschöpfungsgrenze lässt sich allerdings heute auch immer weiter verschieben. Warnsignale des Körpers werden einfach übersehen oder überfahren. Wenn Kaffee oder Taurin nicht mehr helfen, kann man immer noch auf Stoffe wie Methylphenidat, besser bekannt als Ritalin, zurückgreifen. Sie erlauben eine Art Hirndoping und versprechen eine geistige Leistungssteigerung. Während die zappeligen Kinder, die den Erwachsenen aus der Dauerbetriebsamkeit reißen könnten, mit diesem Stoff ruhiggestellt werden, nutzen ihn die Erwachsenen als Stimulanz, das Durchhalte- und Konzentrationsvermögen zu steigern verspricht.

Solche Grenzverschiebungen werden auch dadurch begünstigt, dass in vielen Unternehmen eine Erschöpfungskonkurrenz tobt. Im Kollegenkreis wetteifert man um den inoffiziellen Titel des Verausgabungsmeisters. Er oder sie ist der moderne Held der Arbeit, der sich in manischer Selbstverleugnung und Selbstüberwindung für das Unternehmen aufopfert. Ihm gebührt Lohn, Lob, Anerkennung und Sozialprestige. Und daher werden die heroischen Erzählungen von Marathonsitzungen, Nachtschichten, bezwungenen Mailhundertschaften und Multitasking wie Frontberichte ausgebreitet. Durch die Zurschaustellung seiner völligen Erschöpfung versucht man paradoxerweise sich und den anderen seine Allmacht zu beweisen.

Applauskultur und das ewige Casting

Das Schwinden des Werkstolzes geht heute einher mit einer Verunsicherung des Selbstwertgefühls. Im Werk kann sich der Schöpfer dieses Werkes verwirklichen. Der Kunsthistoriker Wilhelm Worringer hat in seiner epochalen Studie *Abstraktion und Einfühlung* das Kunstwerk als »objektivierten Selbstgenuss« bezeichnet. Anders ausgedrückt: Als Schöpfer erkenne und genieße ich mich selbst in meinem Werk. Es objektiviert mein subjektives Streben, Sehnen, Leiden und Schaffen. Während Erschöpfungszustände vergänglich sind und immer wieder neu erzeugt werden müssen, können Werke einen Bestandswert haben. Sie können immer wieder aufgegriffen, angefasst oder modifiziert werden. Werke können daher als objektivierter Selbstgenuss auch das Selbstwertgefühl stabilisieren.

Da die Erschöpfungszustände hingegen so flüchtig sind, verflüchtigen sich mit ihnen sogleich wieder Stolz und Selbstwertgefühl. Wer bin ich? Was kann ich? Was bin ich eigentlich wert? Diese zweifelnden Fragen ploppen heute beinahe täglich auf und sollen durch ein stetes soziales Echo beantwortet werden. Der Applaus ist an die Stelle der Werkgesinnung getreten. Sein ständiges Branden soll die Stille und die Leere überdröhnen, die die Erschöpfung hinterlässt. Und er soll die Schmerzen betäuben, die mit der Überbetriebsamkeit einhergehen. Der Applaus ist der Schmierstoff des überdrehten Getriebes.

Die mediale Speerspitze der heutigen Applauskultur sind die inflationären Castingshows. Das ganze Land macht sich auf die Suche nach den Superstars, Topmodels, Megatalenten und Newcomern. In schier endlosen Auswahl- und Entscheidungsrunden müssen sich die Kandidaten der Jury und dem Publikum stellen. Dabei wird Häme ausgeschüttet oder Applaus gespendet. Gradmesser der Qualität ist nicht mehr das Bewusstsein der eigenen Leistung, sondern die Resonanz der anderen. Man erkennt sein Können erst, wenn man sich in dessen Wirkung spiegeln kann. Das stabile Selbstwertgefühl wird durch eine Frage abgelöst: »Wie war ich?« Und bezeichnend ist, dass diese Frage weder von einem selbst noch von der fachkundigen Jury beantwortet werden darf. Die letzte Entscheidung darüber, ob man »weiterkommt«, hängt vom Voting einer anonymen Masse ab, die mit ihrem Applaus oft nicht die Qualität des Werkes, sondern die Übereinstimmung mit dem eigenen Geschmack prämiert.

Der schmale Grat zwischen Allmacht und Ohnmacht, zwischen Superstar und Loser wird über den Applaus austariert. Nicht nur in den großen TV-Castingshows, sondern im täglichen Casting unseres Alltags. Ohne Applaus, soziales Echo, Feedbackgespräch oder Wirkungsspiegelung fühlen sich viele Menschen leer und nichtig. Der Daumen des Facebookbuttons »Gefällt mir« ist nichts anderes als ein Sinnbild unserer Applauskultur.

Bleibt dieser erhobene Daumen aus, so zweifelt man an sich selbst oder an seinem kleinen Werk, das man ins Netz gestellt hat. Und stürzt sich danach umso stärker in neue Aktivitäten.

Burnout und Seelenschaden

Der Seelenschaden unserer überdrehten Lebensführung ist trotz der wirtschaftlichen Stabilität nicht zu leugnen. Es erfordert einen hohen seelischen Preis, wenn man vorrangig darauf setzt, persönliche oder wirtschaftliche Krisen durch blinde Leistungssteigerung, Effizienz und enorme Rhythmuserhöhung abzuwehren. »Wenn der Job das Leben frisst« betitelte der *Stern* die Folgen dieses Hochleistungszwangs.[2] Die Zunahme von Kopfschmerzen und psychosomatischen Erkrankungen ist ein deutliches Symptom einer überbetriebsamen Gesellschaft. Vor allem das Burnout-Syndrom ist zu einer modernen Volkskrankheit nicht nur unter Lehrern, Angestellten und Managern geworden.

Dabei fällt in Gesprächen mit Managern oder an Burnout erkrankten Menschen auf, dass der Begriff »Burnout« ein hohes Sozialprestige genießt. Die Diagnose Depression etikettiert einen Mangelzustand niederschmetternden Herabgedrücktseins. »Burnout« hat hingegen den Nimbus einer modernen Tapferkeitsmedaille, der höchsten Auszeichnung in Sachen Erschöpfungsstolz. Es klingt nicht nach einer Krankheit, sondern nach einem hingebungsvollen Entwicklungsdrama. Wer ausgebrannt ist, hat ja lange Zeit gebrannt. Er war Feuer und Flamme für seine Aufgaben. Er hat sich nicht geschont, sondern – wie eine Kerze – seine Substanz aufgezehrt, um andere zu erwärmen und zu erhellen. Im übertragenen Sinne hat er sein eigenes Wachs dem Wachstum geopfert: ein moderner Märtyrer, der bereitwillig den Scheiterhaufen der Maximierungskultur bestiegen hat. Und so einer verdient Anerkennung oder sogar Verehrung. Nun gebührt ihm das Recht einer Auszeit, in der er sich nur noch um sich selbst kümmern muss – und darf.

Der Begriff »Burnout« wird letztlich dem elenden, völlig niedergedrückten und in totaler Perspektivlosigkeit versunkenen Zustand der »Erkrankten« nicht gerecht. Aber er trifft den Nerv unserer Zeit und ihrer Rechtfertigungen. Daher ist er in aller Munde, obwohl der Burnout, wie Markus Pawelzik in einem *Zeit*-Artikel anmerkt, »keine definierte, medizinisch anerkannte Gesundheitsstörung ist«.[3] Im Katalog der Weltgesundheitsorganisation wird er nur im Anhang im Kapitel »Faktoren, die den Gesundheitszustand beeinflussen und zur Inanspruchnahme von Gesundheitsdiensten führen« erwähnt.

Die fast epidemische Burnout-Zunahme ist jedoch eine Tatsache. Laut der Allgemeinen Ortskrankenkasse (AOK) sind mittlerweile zehn Prozent aller Fehltage auf Burnout zurückzuführen. Die renommierte Therapeutin Dr. Gloria Becker konstatiert in ihrem lesenswerten Buch *Liebe und Verrat* die drastische Zunahme von Burnout-Fällen in ihrer Praxis: »Ausgelaugt und kurz vor dem Zusammenbruch, suchen vermehrt Menschen psychotherapeutische Praxen auf. Fähige und tatkräftige Mitarbeiter, die jahrzehntelang bestens ›funktioniert‹ haben, werden von Weinanfällen geschüttelt, finden keinen Schlaf mehr und zweifeln existentiell an sich selbst.«[4] Der Preis für die hochtourige und komprimierte Lebensführung ist die völlige Selbstauflösung. Ein apathischer Zustand, in dem kein Entwicklungsanreiz mehr verlockend erscheint, in dem die Kraft fehlt, sich zu regenerieren und das eigene Leben umzuträumen.

Die Burnout-Konjunktur ist der letzte Hinweis darauf, dass viele Menschen blind geworden sind für ihre eigene Befindlichkeit. Sie nehmen subtile Warnsignale nicht mehr wahr, die eine Überforderung oder Erschöpfung anzeigen. Sie haben buchstäblich den inneren Kompass verloren, der ihnen hilft gegenzusteuern oder den Kurs zu ändern.

Kopfschmerz als seelische Verdauungsstörung

Es ist höchste Zeit, dass wir Erschöpfung nicht länger als einen Mangelzustand ansehen, den es so schnell wie möglich abzustellen gilt. Im Gegenteil kann Erschöpfung ein produktiver Zustand sein, wenn wir uns die Zeit nehmen, uns zu fragen, warum wir erschöpft sind. Unser Erschöpfungszustand signalisiert, dass wir in eine Überlastung geraten sind. Er entzieht der Überbetriebsamkeit die Energie und leitet einen Übergang ein, der uns zum Träumen und Verarbeiten motiviert. Eine ähnliche Funktion als Warn- und Umkehrsignal erfüllt der Kopfschmerz.

Unsere Studien zur Genese von Kopfschmerzen[5] zeigen, dass sich die Menschen in Bezug auf ihre Kopfschmerzen am liebsten in der Opferrolle sehen. Zuerst beschreiben sie die erlebte Heimtücke der Kopfschmerzen: »Sie sind unberechenbar und befallen einen plötzlich, wie ein ungeladener Gast. Manchmal wacht man morgens auf und hat bereits ein nebliges Gefühl im Kopf und weiß: heute erwischt es mich wieder.« »Meist beginnt der Schmerz mit einem dumpfen Gefühl, einer Art Mattigkeit, die sich dann langsam steigert zu leichtem, stechendem Schmerz, der sich dann weiter ausbreitet.« Im Extrem wird der Schmerz dann »hämmernd wie eine Schlagbohrmaschine im Kopf«.

Aber bei näherer Auseinandersetzung stellt man fest, dass dem Kopfschmerz – falls er nicht organisch bedingt ist – meist ein Zustand der Überforderung vorausgeht. Beklagt wird ein Zuviel an »äußerem« Stress. Der Druck am Arbeitsplatz ist enorm, man kämpft mit beruflichen und privaten Doppelbelastungen oder beklagt die Hektik und den Lärm im beruflichen oder familiären Umfeld.

Oft merkt man dann auch, dass dieses Zuviel zum Teil hausgemacht ist. Man erlebt sich getrieben von der eigenen Lebensgier. Man feiert Partys die halbe Nacht, obwohl einem eher nach Erholung zumute ist. Man gerät in einen Einkaufs- oder Freizeitstress und hetzt auch hier von einem Geschäft oder Termin zum nächsten. Oder man tröstet sich mit Alkohol und spürt dann schon im Morgengrauen seinen dicken Kopf.

Der meist erst leicht einsetzende Kopfschmerz würde jetzt eigentlich berechtigen, aus dem Zuviel auszusteigen und zur Ruhe zu kommen. Aber diese Lizenz zum Träumen wird nicht genutzt. Zu groß ist die Furcht, dass all die offenen Baustellen, die biografischen Spannungen und Probleme wieder in den Kopf steigen würden, die man doch durch seine Überbetriebsamkeit in Schach halten wollte. Der Preis der selbst verordneten Ruhe wäre doch nur erneute Unruhe. Der Steigerung des Kopfschmerzes geht so mit einem Gefühl der Unauflösbarkeit einher: Das Zuviel an Problemresten scheint nicht mehr zu verarbeiten zu sein.

Das erzeugt unterschwellig Wut und Aggressionen auf die Welt, auf sich selbst und die Verhältnisse. Ärger, Wut und Zorn werden aber weder artikuliert noch ausagiert, sondern gegen sich selbst gewendet. Paradoxerweise entwickelt sich der Kopfschmerz dadurch zu einem Entlastungs- oder Verlagerungsangebot. Denn die scheinbar unauflösbaren Lebensprobleme werden in ihm »verdinglicht«, das heißt, sie werden in lösbare und behandelbare Probleme verwandelt – eben in Kopfschmerz. Und der eröffnet in der festgefahrenen Situation wieder einen neuen Handlungsspielraum.

Man weiß jetzt, was zu tun ist: Die auftretenden, sich in der Regel steigernden Schmerzen bieten einen Angriffspunkt, auf den man meist mithilfe einer Tablette oder einer Unmenge von Kaffee entschieden reagieren kann. Vor allem der Tablette schreibt man dabei eine schnelle Wirkmacht zu, soll und kann sie doch die Störungen stellvertretend zertrümmern oder auflösen. Das Bewusstsein, in dieser unauflösbaren Situation wenigstens dem Schmerz nicht völlig ausgeliefert zu sein, gibt einem das tröstliche Gefühl, doch etwas für sich tun zu können.

Meist gelingt das sogar, und die Schmerzen sind nach einer Stunde gelindert und man selbst ist wieder in der Lage, seinen Alltag zu gestalten. Zurück bleibt jedoch meist ein latentes Unbehagen oder ein schlechtes Gewissen. Denn man spürt, dass die Probleme nicht wirklich gelöst sind.

Um Schlaf und Traum gebracht

Plakativ gesprochen sind Kopfschmerzen Symptome einer seelischen Verdauungsstörung. Sie machen schmerzlich spürbar, dass wir das Zuviel unserer Tagesprobleme nicht mehr verarbeitet, das heißt durchgekaut und »verdaut« bekommen. Normalerweise stellen die nächtlichen Träume eine wirksame Verdauungshilfe dar. In den nächtlichen Bilderdramen walken wir auch immer die Reste des Tages durch, trennen Wichtiges von Unwichtigem und versuchen, dem Tagesgeschehen einen neuen Sinn und einen Stellenwert zu geben. Das Träumen hat für den Menschen eine klärende und bereinigende Funktion: Es hilft ihm bei der Auflösung schwieriger Problemkomplexe. Das Träumen ist ein natürliches seelisches Abführmittel bei mentaler Verstopfung.

Allerdings kann dieser heilsame Rhythmus gestört werden, wenn zu viele ungelöste Probleme die Nachtruhe überfrachten und die Menschen um den Schlaf bringen, und das ganz wörtlich. Die sprunghafte Zunahme von Schlafstörungen ist meines

Erachtens der besorgniserregendste Ausdruck des beschriebenen Seelenschadens.

Der Spiegel widmete der gravierend zunehmenden Schlaflosigkeit in Deutschland Ende des Jahres 2011 sogar eine Titelgeschichte. Das Nachrichtenmagazin stellte fest: »Die Deutschen sind ruhelos. Die Zahl der Gestressten, Getriebenen und Überreizten, die zunächst schlaflos werden, dann verzweifelt und schließlich krank, nimmt stetig zu. Jeder Zweite klagt über nächtliche Probleme, jeder Siebte hat schon Schlaftabletten geschluckt, jeder Zehnte leidet an einer krankhaften Schlafstörung. Selbst Kinder sind betroffen: Studien bescheinigen 20 Prozent der deutschen Schulkinder Schlafprobleme.«[6]

Obwohl die Frage, warum wir schlafen müssen, bis heute von der Wissenschaft nicht einhellig beantwortet werden konnte, herrscht Einigkeit darüber, dass der Schlaf lebenswichtig ist. Schon die Folgen einer einzigen schlaflosen Nacht sind deutlich zu spüren. Wir fühlen uns dünnhäutig und sind leicht reizbar. Die Stimmung schwankt zwischen trübseliger Niedergeschlagenheit und kurzen euphorischen Schüben. Der Regensburger Psychologe Jürgen Zulley hat beobachtet, dass man »nicht nur zerstreut und vergesslich, sondern auch fantasielos wird«. Auch Diabetes, Herz-Kreislaufstörungen und Burnout sowie Depressionen nehmen durch Schlafstörungen zu, und zu wenig Schlaf macht »dick, dumm und krank«.[7]

Rezepte gegen die Schlaflosigkeit existieren im Übermaß: Regelmäßige Schlafenszeiten im Einklang mit der sogenannten inneren Uhr. Morgens zügig und dynamisch aufstehen, um die innere Uhr auf den aktiven Tagesmodus zu eichen. Drei Stunden vor der Nachtruhe weder opulent speisen noch Tee oder Kaffee trinken. Vor dem Zubettgehen eine Art Entspannungspuffer einbauen, also eine Viertel- oder halbe Stunde Zeit, die weder der Arbeit vor dem Computer noch der Unterhaltung am Fernsehen gewidmet wird. Vor allem der gemächliche Abendspaziergang wird als Königsweg für den gesunden Schlaf empfohlen. Schlafmittel sollten nur als letztes Mittel und das nicht häufiger als zwei- oder dreimal die Woche eingesetzt werden.

Alle diese in der Ratgeberliteratur empfohlenen Maßnahmen sind sicherlich hilfreich. Allerdings fokussieren sie lediglich auf den einzelnen problematischen Symptombereich und berücksichtigen nicht den gesellschaftlichen Gesamtzusammenhang, der rastlose Überdrehtheit, Kopfschmerz, Schlaflosigkeit oder Burnout bedingt und mitproduziert. Denn unsere Gesellschaft leidet nicht an einem Schlafdefizit, sondern an einem Traummangel. Wenn wir vergessen zu träumen, dann verlernen wir auch zu schlafen.

Der Seelenschaden ist nicht durch Entspannung oder Erholungskuren behebbar, sondern nur durch eine grundsätzliche Neubesinnung auf die Kunst des Träumens sowie dessen produktive und mitunter auch verhängnisvolle Kraft. Denn fast die Hälfte des Lebens verbringen wir mit dem Zustand des nächtlichen Träumens. Das ganze Wachleben wird durch unsere Tagträume grundiert und flankiert. Die Auseinandersetzung mit dem Träumen und unseren unbewussten Lebensträumen ist überfällig. Wir brauchen eine neue Rhythmik von Tag und Traum, von Effizienz und Sinn, von Abstraktion und Einfühlung. Jeder Einzelne sollte lernen, seinen Träumen Raum zu geben, um die Souveränität über seinen Alltag zurückzugewinnen.

KAPITEL 2

Der Traum als Lebensgestalter und Störenfried

Wieso träumen wir?

Am Tage folgen wir abstrakten Losungen und Effizienzdoktrinen. Unser Leben und Erleben steht unter dem Bann der guten Manieren und der politischen Korrektheit. Wir sollen fleißig und solidarisch sein, uns dem globalisierten Wettbewerb stellen, den Müll trennen und Diät halten, wir sollen rürupen und riestern, an Rettungsschirme und den Fortbestand der Eurogemeinschaft glauben. Aber was haben all diese rationalen Appelle mit unserem Leben, unserem Alltag und unseren Entwicklungswünschen zu tun? Was ist uns wirklich wichtig? Wo haben wir uns verrannt oder drohen uns zu verrennen? Mit diesen offenen Fragen konfrontiert uns jede Nacht der Traum, indem er einen dramatischen und uns sehr bewegenden Strom von Bildern produziert, die uns selbst und unsere Lebensverhältnisse spiegeln.

Die Bedeutung und der eigentümliche Sinn des Traumes und des Träumens beschäftigen die Menschen schon seit Jahrtausenden. Und am Traum schieden und scheiden sich bis heute die Geister. Für die einen ist der Traum ein weihevolles metaphysisches Phänomen. Vor allem in früheren Zeiten galt er »als eine entweder gnädige oder feindselige Kundgebung höherer, dämonischer und göttlicher Mächte«[8]. Zum Teil setzt sich dieses Denken in abgemilderter Form in einigen eher esoterischen Auffassungen fort: Durch den Traum spricht ein höherer Geist oder die Vorsehung, womit er dem Träumenden eine wichtige, weg- oder zukunftsweisende Eingebung vermitteln kann.

Für das andere Lager ist der Traum ein rein physiologisches Geschehen. Seine Entstehung wurde früher zurückgeführt auf »Sinnes- oder Leibreize, die von außen den Schläfer treffen oder zufällig in seinem inneren Organe rege werden«[9]. Heute gilt er in dieser Logik als ein nächtliches neuronales Wetterleuchten, das den ausgelaugten Synapsen im Schlaf Erleichterung verschafft. Ein Kölner Psychologieprofessor pflegte deshalb zu sagen: »Träume sind die Abfalleimer unserer Emotionen« – und damit war für ihn in der Regel das Thema Traum erledigt. Die Spannweite der offiziellen Traumdeutungen erstreckt sich also von der göttlichen Botschaft bis zum irdischen Abfalleimer.

Sigmund Freud war es, der um die vorletzte Jahrhundertwende den Traum einer grundlegenden und epochalen Analyse unterzog. Freud sah in dem Verständnis des Traumes den Schlüssel für das Verständnis des Seelenlebens überhaupt. Und in stolzer Überzeugung von der Bedeutung seiner bahnbrechenden Entdeckung datierte er sein über 600 Seiten umfassendes Werk *Die Traumdeutung* auf das Jahr 1900 vor, obwohl es bereits 1899 erschien. Freud ging davon aus, dass Träume weder Schäume sind noch göttliche Eingebungen. Vielmehr betrachtete er den Traum als eine sinnvolle seelische Produktion, die mit unserem Alltagsleben zusammenhängt.

Meine Auffassung vom Traum ist von Freuds Psychoanalyse geprägt, daneben aber vor allem von der morphologischen Psychologie, die Professor Wilhelm Salber an der Universität zu Köln entwickelt hat.[10]

Die Unruhe des Tages und der Kindertraum

Traum und Tag sind untrennbar aufeinander bezogen. Denn der Traum bearbeitet die Unruhe, die am Tag immer wieder neu entstanden ist. Unruhe tritt nicht nur in Krisenzeiten auf, ist weder eine Krankheit noch ein psychischer Defekt. Das Gefühl, rastlos, unerfüllt und unvollendet zu sein, liegt in unserer seelischen Konstitution begründet. Denn ganz gleich, wie sehr wir uns am Tage auch anstrengen und was wir alles schaffen, nie gelingt es uns, all das in die Tat umzusetzen, was wir im Sinn hatten. Jeder Tag »produziert« Reste: Aufgaben, die nicht erledigt worden sind, und unerfüllt gebliebene Wünsche, Erwartungen, die bitter enttäuscht wurden, oder Probleme, die immer noch nicht gelöst worden sind.

Diese Reste sind der nie versiegende Quell unserer Unruhe. Denn das Tagwerk ist endlich – der Kosmos unserer Sehnsüchte und Wünsche dagegen unendlich. Wir brauchen aber das Tagwerk, um wenigstens einen Teil dieser sehnsuchtsvollen Möglichkeiten wirklich werden zu lassen. Aber in den Stolz, ein Werk vollendet, ein Haus gebaut, eine eigene Familie gegründet zu haben, mischt sich immer sogleich die Wehmut darüber, welche anderen Lebensmöglichkeiten verfehlt und verpasst wurden.

Die unruhevollen Tagesreste begleiten uns in den Schlaf. Mitunter hindern sie uns sogar am Einschlafen. Während wir uns im Bett hin und her wälzen, wälzen wir auch die Tagesprobleme weiter durch. Oder wir bewältigen gedanklich schon mal die liegen gebliebenen Aufgaben. Mitunter lassen wir auch die Enttäuschungen und Ärgernisse des Tages Revue passieren. Oder machen uns bereits auf die kommenden Enttäuschungen oder Zuspitzungen gefasst, die dann in immer neuen dramatischen Wendungen durchgespielt werden. Die Tagesreste sind und bleiben ein steter Quell enervierender Unruhe und stellen ein gravierendes Hindernis für das Einschlafen dar.

Wie diese Tagesreste während des Schlafens weiterbearbeitet werden, stellte Freud am Beispiel der Träume von kleinen Kindern dar. Ein kleiner Junge hat beispielsweise während seines täglichen Spiels in der Küche ein Glas voller Marmelade entdeckt. Er öffnet das Glas und verspürt den unbändigen Wunsch, es einfach auszulöffeln. Bevor er den ersten Löffel in den Mund schieben kann, betritt die Mutter die Küche und unterbricht erbost und tadelnd den Naschvorgang. Das Kind trottet aus der Küche und zieht sich enttäuscht in sein Zimmer zurück.

In der Nacht hat der kleine Junge folgenden Traum: Er sitzt in der Küche und kann ungestört das ganze Marmeladenglas auslöffeln. Die Mutter erscheint nicht, und kein Verbot und kein Tadel können den herrlichen Genuss vergällen. Freud konstatiert, dass der Traum also eine Wunscherfüllung leistet. Voraussetzung dafür ist natürlich, dass die Motorik während des Schlafens stillgelegt ist. Die Erfüllung des Wunsches kann so nicht auf die Wirklichkeit übergreifen. Da der Traum dennoch den sinnlichen Erlebnissen, die wir in ihm haben, eine fast authentische Glaubwürdigkeit verleiht, bezeichnet Freud die Wunscherfüllung als halluzinatorisch. Da der Marmeladenbestand faktisch nicht gefährdet wird, gibt es für die Mutter auch keinen Grund zur Empörung oder Bestrafung. Dem Traum gelingt ein Vermittlungskunststück: Sowohl dem kindlichen Wunsch als auch dem mütterlichen Gebot wird Genüge getan.

Dadurch avanciert der Traum zum »Hüter des Schlafes«. Denn er verarbeitet in seinen Bilderwelten die beunruhigende und aufstörende Wucht unerfüllter Wünsche, die uns in den schwachen und sensiblen Stunden der Nacht den Schlaf rauben könnten. Wir sind in den Nachtstunden allerdings auch viel anfälliger und angreifbarer, gerade weil unsere Motorik ruht. Unsere sonstigen

Abwehr- oder Verdrängungsmaßnahmen sind lahmgelegt, die es im Wachzustand ermöglichen, Krisen, Enttäuschungen, Ungelöstes oder Unerfülltes einfach wegzuarbeiten.

Der Erwachsenentraum

Im Erwachsenenalter wird die Lage komplizierter als bei den Kindern. Wir haben jetzt Wünsche, die wir uns selbst verbieten oder die uns selbst gar nicht bewusst sind. Wünsche, die überhaupt nicht zu unserem vernünftigen Eigenbild passen. Wünsche, die auch unsere Freunde und Bekannten als ungeheuerlich erachten würden. Vielleicht sind wir heimlich in unseren Schwager oder unsere Schwägerin verliebt? Im Wachzustand würden wir solch einen Gedanken weit von uns weisen, denn wir wollen ja weder unsere Partnerschaft gefährden noch die Beziehung zu unseren Geschwistern zerstören. Jetzt erleben wir aber auf einer Party oder einer gemeinsamen Wanderung mit dem Schwager oder der Schwägerin einen Moment seltsamer Innigkeit und Verzückung. Wir schieben diese scheinbar plötzliche Gefühlsanwandlung wieder beiseite und konzentrieren uns auf die anderen Gäste oder auf das Waldesrauschen.

Was würde passieren, wenn jetzt der Traum mit diesem Wunsch nach Nähe und Intimität genauso verfahren würde wie mit dem kindlichen Naschwunsch? Die halluzinatorische Wunscherfüllung sähe dann so aus, dass wir dem Gefühl der Innigkeit und des Angezogenseins nachkommen. Wir küssen uns mit heißer Glut, reißen uns die Kleider vom Leib. Die um uns herumstehenden Gäste, den Partner oder die Geschwister ignorieren wir einfach. Jetzt sehen und begehren wir nur noch den Anverwandten und vereinen uns mit ihm in einem orgiastischen Liebestaumel, der sich im Traum immer weiter steigert und variiert. Wir würden dann sicherlich schweißgebadet aufwachen und anschließend von düsteren Selbstzweifeln gepackt werden. Vielleicht würden wir den Traum ja sogleich als völlig absurd abtun. Zurück bliebe eine dumpfe Verunsicherung. Das Wiedereinschlafen fiele uns schwer, wir würden uns entschließen aufzustehen und im Wohnzimmer so lange fernzusehen, bis sich in uns wieder eine beruhigtere Stimmung einstellt.

Würde der Traum des Erwachsenen also den gleichen Mustern folgen wie der Traum eines Kindes, so würde er seine Aufgabe als Hüter des Schlafes nicht erfüllen. Der Traum wäre vielmehr das Schreckgespenst des Schlafes. Und würde sich diese Geisterstunde ständig wiederholen, so verlören wir vielleicht gänzlich die Lust am Einschlafen. Um dies zu vermeiden, muss der Traum eine vertrackte Zwickmühle auflösen: Wenn er den unerfüllten Tagesrest der Innigkeit vollkommen ignoriert, dann raubt uns die beunruhigende Wucht dieses unerfüllten Wunsches den Schlaf. Wenn er ihn halluzinatorisch erfüllt, dann werden wir durch den Tabubruch des wahr gewordenen Wunsches aufwachen und erst recht keine Ruhe mehr finden.

Bei der produktiven Auflösung dieser Zwickmühle arbeitet der Traum mit einem kunstvoll-listigen Kompromiss. Er entstellt den latenten Traumgedanken (»eigentlich möchte ich mit meinem Anverwandten schlafen …«) und modelt ihn um. Er verkleidet und zensiert also alle Momente, die den Schläfer zu sehr beunruhigen könnten. Was wir nach dem Aufwachen erinnern können, ist eine in eine Erzählung gefasste Zurechtmachung oder Zurechtrückung des eigentlichen Komplexes. In dem beschriebenen Fall der tabuisierten Liebe könnte der nächtliche Traum dann etwa folgendermaßen aussehen:

»Schwager und Schwägerin sind auf einer Party. Benebelt vom Tanz und Alkohol verlassen sie gemeinsam den Tanzraum. Sie finden sich an einer steil aufsteigenden Treppe wieder. Gemeinsam hasten sie nun die Treppe hinauf. Von Stufe zu Stufe werden sie atemloser. Ihr Puls pocht immer heftiger. Auf der Gipfelstufe angekommen, sinken sie erschöpft zusammen und hören nur noch in der Ferne die langsam verhallenden Klänge der Party.«

Der Traum als Meister der Diplomatie

Bei seiner Aufgabe, etwas zur Sprache zu bringen, ohne uns den Schlaf zu rauben, arbeitet der Traum also mit Sinnbildern oder Symbolen. In unserem Beispiel ist das Treppensteigen ein Sinnbild für den Geschlechtsverkehr, bei dem man gemeinsam immer neue und höhere Stufen der Lust erklimmt, bis man schließlich am Höhe- oder Gipfelpunkt angelangt ist. Diese Sinnbilder werden sowohl der erwachsenen Vernunft als auch den unbewussten Wünschen gerecht.[11]

Der Traum ist ein gewitzter Meister der Diplomatie und damit der vermittelnden Kommunikation. Er fällt nicht mit der Tür ins Haus, sondern er spricht zu uns in Rätseln. Dadurch erfüllt er auch im Erwachsenenalter seine Funktion als Hüter des Schlafes. Er löst die beunruhigenden Tagesreste auf, ohne uns allzu sehr zu beunruhigen. Der Preis für diese Vermittlungskunst ist allerdings die Rätselhaftigkeit des Traumes. Seine seltsamen Bilder kommen uns fremd, wirr, unlogisch oder sinnlos vor. Wir können den manifesten Traum zwar bruchstückhaft erzählen, müssen aber verwundert oder befremdet einräumen, dass wir ihn und uns nicht wirklich verstehen.

Diese irritierende Rätselhaftigkeit des Traumes ist einer der Gründe für die verbreitete Abneigung gegen den Traum. Weil er weder klar noch logisch stringent aufgebaut ist, erscheint er als degenerierte seelische Tätigkeit – als Kinderkram. Die Auseinandersetzung mit diesem sinnlos-wirren Bilderreigen gilt vielen als pure Zeitverschwendung. Andere Menschen fühlen sich wiederum geradewegs magisch von den geheimnisvollen Traumbildern angezogen. Sie investieren viel Zeit darin, allein oder mithilfe von Freunden oder Ratgebern der verborgenen Botschaft ihrer Träume auf die Schliche zu kommen.

Für Freud hingegen war die Deutung dieser sinnvollen seelischen Produktionen der Königsweg zum Unbewussten: Sein Ziel war es, den manifesten, das heißt erzählbaren Trauminhalt wieder auf den latenten Traumgedanken zurückzuverfolgen. Er ließ sich daher von seinen Patienten den nächtlichen Traum in allen Einzelheiten erzählen. Dann ging er mit ihnen jede einzelne Traumsequenz durch. Doch sollten die Träumer keine Interpretationen vornehmen, sondern einfach all das erzählen, was ihnen zu dieser Sequenz spontan in den Sinn kam – so unsinnig es ihnen auch erschien. Diese Einfälle umkreisten den ursprünglichen, verborgenen Traumgedanken und führten ihn zu den Tagesresten oder den unbewussten Wünschen, die der Traum aufgegriffen und bearbeitet hat.

Das nächtliche Selbstgespräch

Die genaue Analyse unserer Träume gemeinsam mit einem Psychologen, Psychotherapeuten oder Psychoanalytiker kann dem Einzelnen im Rahmen eines therapeutischen Prozesses helfen, einen Zugang zu seinen unbewussten Wünschen oder Lebensmustern zu eröffnen. Aber auch ohne eine Psychoanalyse eröffnet der Traum den Zugang zu uns selbst. Wilhelm Salber sieht im nächtlichen Traum ein Selbstgespräch der Seele: »Der Traum vergewissert uns unserer Lebendigkeit: Wir sind wenn wir schlafen nicht tot, wir sind nicht einfach weg, sondern das seelische Leben geht weiter.«[12] Der Traum rückt nicht nur unerfüllte Wünsche in den Blick. Er spiegelt in seinen Sinnbildern die komplette Lebenswirklichkeit mit allen ihren Sehnsüchten, Ängsten, Wegen und Irrwegen, indem uns »Dinge spürbar gemacht werden, die wir am Tage übersehen, indem der Traum zeigt, woraus der Tag geworden ist und wohin er sich wieder entwickeln kann«.[13]

Vor gut einem Jahr hatte ich einen seltsamen und beunruhigenden Traum: Ich befand mich mit meiner Frau auf einer Party. Ich stand abseits und war mehr Beobachter als Teil des Festes. Meine Frau ging von mir weg, erzählte und tanzte mit den anderen Gästen. Ich sah zu, wie sie sich einem jungenhaft aussehenden Franzosen zuwandte. Die beiden begannen sich zu unterhalten und das Gespräch wurde zusehends intensiver. Ich hatte das Gefühl, den Mann, den sie so anhimmelte, von irgendwoher zu kennen. Dann fiel mir auf, dass er ein T-Shirt anhatte, das doch eigentlich mir gehörte und seit Jahren ungetragen im Schrank lag. Als meine Frau den Franzosen schließlich umarmte, wachte ich voller Eifersucht auf. Ich beruhigte mich erst einmal damit, dass meine Frau schlafend neben mir lag und alles scheinbar in Ordnung sei.

Ein Gemisch von Misstrauen und Selbstzweifel begleitete mich den ganzen folgenden Tag. Am Nachmittag hatte ich einen Termin bei meinem Supervisor, dem ich den Traum erzählte. Bei der Sequenz, dass der Franzose seltsamerweise ein vergessenes T-Shirt von mir trug, fiel mir ein: Ich hatte vor einigen Tagen erfahren, dass es in unserem Familienstammbaum einen französischen Zweig gibt. Dann erinnerte ich mich daran, dass man mich im Ausland während des Urlaubs schon häufiger für einen Franzosen gehalten hatte. Mir wurde auf einmal deutlich, dass meine Frau sich im Traum nicht in einen fremden Mann verliebt hatte, sondern in den Franzosen in mir. Also in eine unbeschwerte, lebensfrohe und zugewandte Seite, die gerade in den letzten durchgetakteten Monaten von mir mehr und mehr abgelegt worden und beinahe in Vergessenheit geraten war. Noch am Vorabend des Traumes hatte ich mit meiner Frau eine hitzige Diskussion darüber, wann ich mir endlich wieder mehr Zeit nehme für die gemeinsamen Interessen und Leidenschaften. Der verborgene Gedanke des Traumes war also: »Wenn Du die Liebe deiner Frau wiedergewinnen willst, dann gib Deine distanzierte Beobachterposition auf und wecke die französischen Seiten in dir.«

Der andere Blick

Der Traum leistet weit mehr, als uns mit diplomatischer Vermittlungskunst zu beruhigen, zu beschwichtigen oder zu trösten. Der Traum greift unsere Unruhe auf, er bearbeitet und transformiert sie, indem er für alternative Lebensweisen wirbt oder uns im Alltag bestärkt. Die mutmachende Kraft des Träumens beschrieb Sigmund Freud am Beispiel der nächtlichen Prüfungsträume, die viele Menschen immer wieder haben. Kern dieser Angstträume ist, dass man sich erneut vor eine wichtige, im wirklichen Leben längst abgelegte Prüfung gestellt sieht. Der Abiturtermin oder die Meisterprüfung wird meist in endlosen Wendungen durchgespielt. Obwohl man mitunter noch im Schlaf einwendet, dass man doch schon seit Jahrzehnten sein Abitur hat oder als Meister erfolgreich arbeitet, tun sich während der Prüfung immer neue Hürden auf. Und trotz der großen eigenen Anstrengung muss man schließlich erleben, dass man durchgefallen ist.

Bei der Analyse dieses Traumes fiel Freud auf, dass er seltsamerweise »nur bei Personen vorkomme, die diese Prüfung bestanden haben, niemals bei solchen, die an ihr gescheitert sind«[14]. Meist treten diese Träume dann auf, wenn am nächsten Tag tatsächlich ein wichtiger Termin ansteht, an dem man sein

Können unter Beweis stellen muss und an dem man Gefahr läuft, sich zu blamieren. Der Traum greift also die aktuelle Versagensangst auf und verschiebt sie in eine Situation aus der Vergangenheit, in der sie sich als gänzlich unberechtigt erwiesen hat. Der empörte Einwand im Traum – »Aber ich habe doch schon das Abitur!« oder »Ich bin ja schon Meister« – »ist in Wirklichkeit der Trost, den der Traum spendet, und der also lauten würde: Fürchte dich doch nicht vor morgen; denke daran, welche Angst du vor der Maturitätsprüfung gehabt hast, und es ist dir doch nichts geschehen.«[15]

Der Prüfungstraum greift unsere alltäglichen Ängste auf, und die sind berechtigt. Denn niemals wird es die Gewissheit geben, dass sich unsere Vorhaben tatsächlich erfüllen. Und niemals können wir uns ganz vor der Gefahr des Scheiterns wappnen. Eine Welt ohne Selbstzweifel ist eine verblendete Welt. Aber soll man aufgrund dieser berechtigten Zweifel resignieren? Der Traum zeigt, dass wir diese Ängste durchstehen können. Da wir schon so viele Prüfungen und Zweifel gemeistert haben, werden wir auch mit den künftigen Herausforderungen fertig.

Der Traum ist ein wichtiges Korrektiv des Alltags und des Lebens. Ihm kommt eine warnende und eine motivierende Funktion zu. Denn er hilft uns, Sackgassen zu erkennen, er fordert uns auf, das Leben einmal anders zu sehen und zu verändern. Vor allem aber besitzt das Träumen eine relativierende Kraft. Das, was am Tage als übermächtig und alternativlos erschien, entlarvt der Traum als belanglos und zwergenhaft. Und dem, was uns als unbedeutend oder nebensächlich erschien, verleiht der Traum Nachdruck und Bedeutung. Und doch wird der seelischen und gesellschaftlichen Funktion des Träumens in unserer durchrationalisierten und am globalisierten Effizienzdenken orientierten Welt viel zu wenig Beachtung geschenkt. Denn im hektischen und zweckbestimmten Getriebe des täglichen

Hamsterrades bewegen wir uns meist in blinder Selbstverständlichkeit. Was uns ärgert, nahegeht und wurmt, was uns inspiriert, begeistert und niederdrückt, geht dabei oft unter. Am Tag gilt es zu funktionieren, nicht anzuecken, Planziele oder ein gestecktes Aufgabenpensum zu erfüllen. Der nächtliche Traum breitet die am Tage unbemerkt gebliebenen Gefühlsqualitäten, Zustände, Widerstände, aber auch die unbewussten Leidenschaften in plastischen Bildern oder Stimmungen aus.

Dabei folgt der Traum weder einer festen Pädagogik noch einer fixierten Werthaltung oder ideologischen Doktrin. »Der Traum schlägt uns keine Lösungen vor, er sagt nicht: ›So musst du es machen!‹ Der Traum ist weder eine Botschaft, noch gibt er uns Ratschläge.«[16] Er eröffnet vielmehr eine ästhetische Sicht auf die Konstruiertheit unserer Welt und ihrer Entwicklungsmöglichkeiten. Gerade weil der Traum weder als Moralapostel noch als Ratgeber fungiert, eröffnet er uns eine radikale Gedankenfreiheit, die wir uns aufgrund von selbst gesteckten Zwängen oder willfährig übernommenen Postulaten bei Tage nicht gestatten.

Der Traum als Provokation des Status quo

Unsere Träume sind zwar nicht pädagogisch, aber verstörend und unbequem. Durch seine investigative Kraft hat der Traum eine provozierende Note. Der Traum ist und war nie der Freund des Status quo und all derjeinigen, die auf den unveränderten Fortbestand geordneter Verhältnisse Wert legen. Denn der Traum bejaht nicht, sondern er stellt infrage. Er zweifelt, verlagert, dynamisiert. Er bestärkt unartikulierte Widerstände und beleuchtet ungelebte Sehnsüchte. Er scheucht uns aus den bleiernen Routinen auf und mahnt zur Umkehr.

Der Traum ist das Korrektiv zur Betriebsblindheit des Tages – ein nächtlicher Besinnungsappell. Man kann ihn auch als nächtliche Werbeunterbrechung charakterisieren. Denn die Werbepause stört den geordneten Duktus des Hauptfilms. Sie schafft nicht nur eine Toilettenpause, sondern sie bebildert, was potenziell auch noch zu tun und zu erleben wäre: Der Waschmittelspot beispielsweise gemahnt an die Wäsche, die noch ungewaschen im Keller müffelt. Der Badespot macht Lust darauf, sich einfach einmal mit einer Illustrierten in die heiße Wanne zurückzuziehen. Der Soßenspot erinnert uns daran, dass noch Essen zuzubereiten ist, weil gleich die Kinder hungrig vor der Tür stehen. Der Urlaubsspot weckt Fernweh und motiviert uns, die nächsten Ferien zu planen.

Gegen diese kleinen mentalen Sabotagenappelle der Werbung und des Traumes wehren sich der Hauptfilm mit seiner Spannungskurve und der Alltag mit seinem Pflichtprogramm. Mit dem Blick unseres beflissenen Alltags ist der Traum nur ein Störenfried, der uns auf abwegige Gedanken bringt. Die Traumfeindlichkeit, die sich oft gerade bei pflichtschuldigen und vernünftigen Menschen zeigt, entspringt daher nicht nur dem befremdlichen Charakter des Traumes, sondern seiner Aufmüpfigkeit. Er ist nun einmal nicht einfach dazu bereit die Tagespolitik zu ratifizieren, sondern er drängt uns zu einer Revision unserer Lebensverhältnisse. Die Träume befreien nicht von der Unruhe, sondern sie halten unsere Unruhe beweglich. Sie werben dafür, dass wir nicht in den ewig gleichen Bahnen festfahren oder wie in dem Spielfilm *Und täglich grüßt das Murmeltier* in vorhersagbaren Routinen erstarren. Dadurch eröffnet der Traum neue Perspektiven, aber auch beunruhigende Herausforderungen. Denn er beschwört auch die Risiken und Gefahren des Lebens. Mit der Vorstellung, sein Leben anders angehen zu können, erwacht gleichzeitig die Angst vor dem Scheitern und der eigenen Ohnmacht.

Insgeheim sind die meisten Menschen bitter enttäuscht darüber, dass der Traum nicht einfach ihre Wünsche erfüllt und sie dadurch in Ruhe und Sicherheit wiegt. Die Bereitschaft wächst, den Traum als unbequemen Störenfried aus dem Alltag zu verdrängen, in der Hoffnung, vielleicht andere, einfachere und endgültigere Formen zu finden, mit deren Hilfe sich die eigene Unruhe aus der Welt schaffen lässt. Doch diese Hoffnung ist trügerisch. Denn es ist gerade der Traum, der die Kraft hat, unsere Unruhe schöpferisch zu verwandeln, sie in andere und vielleicht produktivere Bahnen zu lenken. Ohne den Traum erschöpfen wir uns in den immer gleichen Drehungen des Hamsterrades.

KAPITEL 3

Schöpferisches Deutschland

Der Pakt mit der Unruhe

In den beiden ersten Kapiteln haben wir zwei allgemeine Quellen der Unruhe betrachtet. Die erste Quelle der Unruhe haben wir in unser grundsätzlichen seelischen Konstitution verortet, die bei allen Menschen gleich ist: Da unser begrenzter Alltag nie eine restlose Erfüllung all unserer Wünsche ermöglicht, werden wir tagtäglich mit offenen Enden und Problemresten konfrontiert. Wir haben zweitens festgestellt, dass diese alltägliche Unruhe des Daseins sich in Krisenzeiten steigert. Die Zukunftsungewissheit, das Wegbrechen von Vertrauen in die Politik und Glauben an die Maximierungskultur setzt neue Unruhe frei – nicht nur in Deutschland.

Diese Unruhe kann sich in besinnungslose Überbetriebsamkeit wandeln. So demonstriert man unverdrossen Handlungsfähigkeit und hält sich Zweifel und Sorgen vom Leib. Das Träumen hingegen verfährt anders mit der Unruhe: Der Schlaf raubt uns durch die motorische Stilllegung jedwede Handlungsmöglichkeit. Dafür aber greift der Traum unsere Probleme, Zweifel oder Wünsche auf und entwickelt Nacht für Nacht eine neue Vision, wie wir anders leben könnten.

Die Unruhe als Grundmoment der deutschen Seele

Doch gibt es auch eine spezifisch deutsche Quelle gesteigerter Unruhe? Die Suche nach ihr führt zu einer psychologischen Studie, die das rheingold-Institut für die Identity Foundation, eine gemeinnützige Stiftung für Philosophie, durchgeführt hat.[17] Im Zentrum stand die Frage »Was bedeutet heute Deutschsein im Alltag?«. Die durchgeführten Tiefeninterviews eröffneten einen überraschenden Blick auf das Ausmaß der deutschen Unruhe. Vor allem, wenn man berücksichtigt, dass in einem Tiefeninterview nicht nur wichtig ist, *was* die Menschen zum Deutschsein und zu ihren Vorstellungen einer deutschen Identität erzählen, sondern *wie* sie es erzählen. Die Dynamik im Interview, die spezifische Atmosphäre, die gerade bei diesem Thema entsteht, verrät mitunter mehr über den Gegenstand als all die rationalen Bekundungen und sorgsam zurechtgelegten Meinungen.

Der Psychologe wurde bei dieser Untersuchung Augen- und Ohrenzeuge, wie Unruhe entsteht und durch welche kunstvollen Mechanismen sie wieder gebannt wird. Bei der Frage nach dem Deutschsein winden sich die Menschen wie Aale. Man sieht ihnen ihre Qualen an: Sie werden rot, rutschen auf den Stühlen umher, wippen hin und her in ihrem Ringen, die richtigen und politisch korrekten Worte zu finden. Die sehnsuchtsvolle Suche nach einem positiven Selbstbild, nach deutschen Eigenarten oder Besonderheiten, auf die man wirklich stolz sein kann, verläuft immer wieder im Sande. Jede Aussage wird relativiert oder durch aufkommende Selbstzweifel oder Hemmungen konterkariert.

Die Reflexion über die eigene nationale Identität gerät zu einem Eiertanz. Ständig sind die befragten Menschen von der Angst befallen, auf einen falschen Gedanken zu kommen und einen unangemessenen Standpunkt zu vertreten. Sie wollen sich nicht angreifbar machen und auf gar keinen Fall in die

Nähe von Nationalsozialismus, historischer Schuld oder Natio-
nalstolz gerückt werden. Natürlich montiert man anlässlich der
Fußball-WM stolz ein schwarz-rot-goldenes Fähnchen ans Auto.
Aber sieht man sich als Patriot? Nein, eher nicht. Und nicht nur
hierzulande, auch im Ausland fühlt man sich sehr wohl. So wird
in beinahe reflexartigem Selbstschutz alles abgewehrt, was als
typisch deutsch erscheint. Der Wunsch nach einem starken und
anerkannten Deutschland wird sogleich durch den Verweis auf
deutsche Verfehlungen und Probleme pariert. Fängt man an, sich
von anderen Nationalitäten abzugrenzen oder auf Ausländer zu
schimpfen, betont man gleich im nächsten Moment, wie gern
man doch beim Türken einkauft oder griechisch essen geht.

Die unerfüllte Sehnsucht nach einer Identität

In diesem ständigen Kreisen und Kippen wird immer auch eine
Sehnsucht der Menschen nach einer Identität spürbar, die ihnen
Halt und Orientierung gibt und die man einfach kommunizieren
kann. Psychologisch betrachtet erhält die Unruhe der Menschen
durch eine nationale Identität eine Fassung. Denn die Identität
bietet einen verlässlichen Haltepunkt im Strudel einer fließenden
Welt, erst recht angesichts der aktuellen Globalisierungsanfor-
derungen. Die amerikanische Identität beispielsweise mit ihrem
American Dream, der faktisch in der heutigen US-Gesellschaft
kaum noch eingelöst wird, vermittelt dennoch ein beruhigendes
Prinzip Hoffnung: Auch wenn man von einer Krisenwelle über-
rollt wird – es kann immer wieder aufwärts gehen. Wenn man
also weiter schwimmt und sich nicht aufgibt, spült einen die
nächste Welle wieder nach oben.

Eine Identität bietet den Menschen ein festes Bild, an das
sie glauben können. Sie ist ein seelischer Schutzmantel, der in

stürmischen Zeiten Wärme, Trost und Zuversicht spendet. Die Identität verspricht Ruhe und Getragensein durch ein tief verwurzeltes allgemeines Selbstverständnis. In Deutschland scheinen eine klare Identität und eine für alle gültige Selbstgewissheit jedoch nicht zu existieren, und somit wird die Unruhe nicht in eine verbindliche Fassung gebracht. Das begünstigt die viel zitierte *German Angst*, aber auch die fast seismografische Empfänglichkeit der Deutschen für die Umbrüche und die Risiken des Lebens.

Als Psychologe stelle ich mir natürlich die Frage, wieso diese Sehnsucht nach einer festen Identität in Deutschland nicht erfüllt wird. Und vernehme sogleich den berechtigten Hinweis des Historikers, dass die fehlende Klarheit und Homogenität des Deutschseins Ausdruck der zahlreichen geschichtlichen Brüche ist. Vor allem die Zeit des Nationalsozialismus markiert einen zentralen Bruch mit den historischen Identitätswurzeln. Denn an welche Vergangenheit darf man in Deutschland getrost anknüpfen? Die Zeit vor dem Dritten Reich, vor allem die Weimarer Republik, aber auch das Kaiserreich erscheinen eben auch als eine Vorstufe oder Keimform der Nazi-Herrschaft. Vergangenheitserfahrungen, auf die man stolz sein kann, sind daher entweder nicht greifbar oder sie gelten als suspekt. Und der Nationalsozialismus erscheint wie ein finsterer Abgrund, der alle positiven Aspekte der deutschen Geschichte verschlingt. Der Blick in diesen Abgrund zeigt nur eine verheerende Vernichtungsversion des Deutschseins.

Und steht nicht auch die nach dem Krieg über mehr als drei Jahrzehnte andauernde Teilung Deutschlands in Ost und West in einem historischen Kontinuum? Denn über Jahrhunderte waren die Sippe, der Stamm, die Landsmannschaft oder der Kleinstaat die wesentlichen Identifikationsräume der Deutschen. Und definieren sich die Menschen in Folge dieser Tradition nicht lieber als Sachse, Bayer, Schwabe oder gar als Unterfranke, Kölner oder Schweriner?

Deutschsein als ewige Selbstsuche

Die geschichtlichen Brüche und die deutsche Tradition des Provinzialismus und der Kleinstaaterei reichen – psychologisch betrachtet – als Erklärung für die fehlende Identitätskonstanz allerdings nicht aus. Brüche, Aufspaltungen oder Parzellierungen sind vielmehr Symptome einer tief verwurzelten deutschen Wesensart. In unserer Identitätsstudie konnten wir quasi *in statu nascendi* verfolgen, wie die Ausgestaltung des Deutschseins immer wieder diese Brüche produziert.

In beinahe faustischer Manier scheinen die befragten Deutschen wenig willig, oder besser gesagt: kaum zufrieden damit zu sein, sich in erreichten Zuständen oder Einsichten einzurichten. Es fällt ihnen schwer, mit Blick auf bereits Geleistetes ihren Frieden zu finden. Geradezu manisch wird alles hinterfragt, umgestellt, angezweifelt, verrückt, korrigiert oder relativiert. Eine gärende Unzufriedenheit mit allem Bestehenden und eine tiefe Sehnsucht nach einem anderen Leben scheinen ein Wesenszug und eine Triebfeder deutscher Identität zu sein – und das konstatiert schon Mephisto in Goethes *Faust*:

>»Vom Himmel fordert er die schönsten Sterne,
>Und von der Erde jede höchste Lust,
>Und alle Näh und alle Ferne
>Befriedigt nicht die tiefbewegte Brust.«[18]

Deutschsein ist kein Zustand, sondern ein rastloser Suchprozess, der scheinbar niemals sein Sehnsuchtsziel erreichen will.

Dadurch ist das übliche Identitätskonzept auf den Kopf gestellt. In Sachen Identität ist hierzulande der Weg der Bildsuche das Ziel und nicht das fertige Bild. Identität bedeutet nicht tradierte Selbstgewissheit, sondern notorischer Selbstzweifel. Identität schafft keine Ruhe, sondern sie schickt die Unruhe auf eine nie enden wollende Reise zu sich selbst: »Traurig grüßt der, der ich bin, den, der ich könnte sein«, dichtete bereits Friedrich Hebbel. Das einzig Konstante in der deutschen Identität ist ihre rotierende Brüchigkeit – die grundsätzliche Skepsis gegenüber dem, was ist, und die habituelle Suche nach dem, was sein könnte.

Aber diese von der Unruhe befeuerten Suchprozesse sind eine wichtige Quelle unserer speziellen Schöpferkraft. Die Unruhe kann veredelt werden, wenn sie nicht sogleich durch Betriebsamkeit oder Zerstreuung abgeführt wird. Das Träumen spielt bei der Verwandlung der Unruhe in schöpferische Kraft eine wichtige Rolle. Ähnlich wie das Träumen braucht die Unruhe einen geschützten Raum, in dem sie ihre Energie in Fantasien, Ideen oder Kreationen umwandeln kann. Der Hobbykeller, die Laube, die Garage, die Studierstube sind daher die beliebten Besinnungsorte deutscher Suchbewegungen. Hier kann sich die Unruhe – befreit von allen fremden Leistungsdiktaten und festgesetzten Zweckbestimmungen – auf die ungewisse Suche nach dem machen, was sein könnte. Im spielerischen und in sich versunkenen Basteln, Tüfteln, Frickeln, Konstruieren, in einer naiven Freude an einem Tun an sich entfaltet sie ihre produktive Eigenart.

Das Werkeln kennzeichnet den produktiven Kern des Deutschseins – einen bewegenden Zustand selbstgefälligen Probierens und Experimentierens. Das Werkeln wird geliebt, weil es aus der eigenen Unruhe herausführt und die eigene Rastlosigkeit schöpferisch werden läßt. Die Liebe der Deutschen zum Baumarkt gründet sich in ihrer Werkelseele. Je größer ihre Unruhe in Krisenzeiten ist, desto stärker werden die Heimwerker-paradiese aufgesucht. Die Angst vor den brüchigen Verhältnissen und dem drohenden Konjunktureinbruch kann durch häusliche Stabilisierungs- und Renovierungsmaßnahmen gebannt werden. Im Basteln und Bauen strebt man das souveräne Gefühl an, der Desolatheit des Daseins aktiv entgegentreten und die Welt eigenhändig gestalten zu können: »Ich werkle, also bin ich.«

Den Nerv der Werkelseele krisengeplagter Menschen traf ein Spot der Firma Hornbach, der einen Mann in einem vollkommen heruntergekommenen Haus zeigt, das nur noch von Ratten, Spinnen, Raupen und Kakerlaken bevölkert wird. Doch lässt er sich von diesem albtraumartigen Verfall nicht beeindrucken. Der Mann legt sich hin, kommt zur Besinnung und träumt davon, wie er dieses Haus später einmal nutzen könnte. Man glaubt ihm seine Bereitschaft, den widrigen Verhältnissen zu trotzen und seine Vorstellungskraft in Tatkraft umzusetzen.

In der Kunst des Werkelns erleben sich die Deutschen als »weltmeisterlich«. Und dieses Werkeln ist mehr als nur banale Bastelei. Es ist die Keimform des künstlerischen, technischen und philosophischen Wirkens. Denn es kann sich zur Kunst des Erfindens und zu einer Schöpferkraft steigern, die Bedeutsames hervorbringt: Patente, Konstruktionen, Ingenieurskünste, philosophische Systeme, aber auch das Dichten und Querdenken erwachsen aus dem Provisorischen und Provisionären des Werkelns.

Segen und Fluch der Kreativität

Die Unruhe, die nicht direkt in hektische Betriebsamkeit abgeführt wird, ist eine Voraussetzung für Kreativität und schöpferische Leistungen. Denn verrückte Einfälle, patente Ideen oder tiefere Einsichten entstehen nicht, wenn man von einem Termin zum nächsten hetzt oder durch die TV-Programme zappt. Sie »ereignen« sich in traumanalogen Übergangs- oder Ruheverfassungen: in Wartezeiten, bei Nebentätigkeiten oder beim Müßiggang.

Darum hat jeder auch schon mal die Erfahrung gemacht, dass sich eine Problemstellung, die man seit Stunden verbissen bearbeitete, produktiv auflöste, als man sich beinahe schon resigniert aufs Klo begeben hat. Eine neue Geschäftsidee entsteht meist nicht, wenn man gebannt auf den Computer starrt, sondern auf der Fahrt nach Hause oder in der Kantine. Mitunter hat man sogar das Gefühl, von dem plötzlich hereinbrechenden Einfall überrascht oder überrumpelt worden zu sein. Von Billy Wilder heißt es, dass ihm seine besten Filmideen ganz wörtlich im Schlaf »zufielen«. Und das Rätsel der Schwerkraft löste Newton nicht in seiner Studierstube, sondern als er unter einem Apfelbaum döste.

Phasen der Langeweile oder die nicht ritualisierten Zeiten des Faulenzens, Wartens oder Umherstreifens sind schöpferische Zustände. Frei nach Schiller geraten wir in einen Modus, in dem alles möglich erscheint, weil nichts wirklich nötig ist. Im Müßiggang entkoppelt sich die Seele von den gerichteten Handlungsvollzügen und festgelegten Zweckbestimmungen. Dadurch eröffnen sich erweiterte Freiheitsgrade und Spielräume. Wie beim Träumen ist die partielle Stilllegung gleichsam die Voraussetzung dafür, dass wir durchlässiger und empfänglicher werden für eine neue Sicht der Dinge.

Aber diese konstruktive Durchlässigkeit der Übergangsverfassungen ist gerade aufgrund der äußeren Stilllegung mit einer gesteigerten inneren Unruhe und Empfindlichkeit verbunden. Kreative Prozesse sind enervierend und dramatisch. Ihr Preis ist hoch, denn sie drohen unser seelisches Gleichgewicht zu zerzausen. Sie wühlen uns auf, ziehen uns in euphorische Höhen und in abgrundtiefe Zweifel. Nie ist der Mensch der Verzweiflung, der völligen Hoffnungslosigkeit so nah wie in seinen schöpferischen Zuständen. Denn jetzt muss er erleben, wie all sein Stolz, sein ganzes Selbstbewusstsein verdampft und ihn ins Nichts stürzt.

Daher obsiegt in unserem Alltag meist die Tendenz, die dem Übergang innewohnende Spannungsdramatik einzuebnen. Wir ritualisieren unseren Alltag und verplanen jede freie Stunde. Die berechenbare Erwartungssicherheit des Hamsterrades ist für uns besser aushaltbar als die riskanten Unwägbarkeiten des Übergangs.

Das Verhältnis der Deutschen zu ihrer gesteigerten Unruhe ist ambivalent. Sie ist einerseits ihr Lebenselexier und ihr produktives Antriebsmoment. Sie sind bereit, mit der Unruhe einen Pakt zu schließen und sie über das Träumen in Schöpferkraft zu verwandeln. Sie spüren dabei aber, dass sie keinen Seelenfrieden finden. Die Unruhe ist aufreibend und zermürbend. Nichts kann man einfach stehen lassen, alles muss hinterfragt, verworfen oder zerlegt werden. Unablässig muss man an sich, den anderen, der Politik oder der Welt zweifeln.

Der deutsche Genius

Im Jahre 2010 veröffentlichte der Brite Peter Watson unter dem Titel *Der deutsche Genius* eine Geistes- und Kulturgeschichte Deutschlands.[19] Ausgangspunkt seiner monumentalen und lesenswerten Bestandsaufnahme war die Beobachtung, dass England noch immer besessen vom Nationalsozialismus sei und bis heute aus dem Sieg über Nazi-Deutschland eine Art Identitätsmythos ableite.[20] Diese Verengung produziert laut Watson freilich ein völlig eingeengtes und klischeehaftes Deutschlandbild: Auf der einen Seite werden die Deutschen als die besessenen und größenwahnsinnigen Nazis gesehen, die die Welt zum

zweiten Male in einen Weltkrieg gestürzt hatten. Das Deutschsein kulminiert in der Person Adolf Hitlers und seines Mobs.
Auf der anderen Seite gelten die Deutschen als »kleinliche,
pedantische Prinzipienreiter, die alles wortgetreu auslegen«[21].
Der Einfluss deutscher Denker auf das heutige Meinungsklima
in England wird nach seiner Meinung noch heute weit unterschätzt – im Inselreich, aber auch hierzulande. Denn, so Watson, »mit Ausnahme der Ideen von der Marktwirtschaft und der
›natürlichen Zuchtwahl‹ wurde unsere heutige Gedankenwelt
im Großen und Ganzen chronologisch in folgender Ordnung
erschaffen: Immanuel Kant, Georg Wilhelm Friedrich Hegel,
Karl Marx, Rudolf Clausius, Friedrich Nietzsche, Max Planck,
Sigmund Freud, Albert Einstein, Max Weber und zwei Welt-
kriege«.[22]

Doch welche besonderen Merkmale hat die deutsche Kultur
tatsächlich aufgewiesen oder weist sie auf? Aus seiner kulturge-
schichtlichen Perspektive formuliert Watson die These, »dass es
fünf unterschiedliche, jedoch ineinander verzahnte Aspekte der
modernen deutschen Kultur gab, die als Gruppe betrachtet sowohl für deren umwerfende Brillanz als auch für ihren schockie-
renden Untergang verantwortlich waren«.[23]

Schauen wir uns diese Aspekte einen nach dem anderen an.
Eine zentrale Stellung nimmt die deutsche Innerlichkeit ein: »Es
scheint auf der Hand zu liegen, dass die Deutschen ein Volk
waren (oder sind?), das ›innerlicher‹ ist als andere Völker – als
die Franzosen, Briten oder Amerikaner zum Beispiel.« Dafür
ruft Watson Thomas Mann als Kronzeugen auf, der die Innerlichkeit als die vielleicht berühmteste Eigenschaft der Deutschen
bezeichnet hat: »Zartheit, der Tiefsinn des Herzens, unweltliche
Versponnenheit, Naturfrömmigkeit, reinster Ernst des Gedankens
und des Gewissens, kurz alle Wesenszüge hoher Lyrik mischen
sich darin.«[24]

Der zweite Aspekt ist die Bildung: Watson bezeichnet sie als die größte Errungenschaft der Innerlichkeit, mit der ein Anspruch zur Vervollkommnung der menschlichen Natur aufkeimt. Die Forschung, die damit einhergehende Promotion und die Wissenschaft markieren seinen dritten Aspekt. Die Forschung sei zwar keine deutsche Erfindung, aber sie wurde an deutschen Universitäten am Ende des 18. Jahrhunderts institutionalisiert. Sie leistete einen Beitrag zur Moderne, weil sie zum Konkurrenten der klassischen Autorität von Tradition, Religion und Politik wurde.

Viertens war Deutschland das erste Land, in dem ein Bildungsbürgertum entstand: »Zu Beginn des 19. Jahrhunderts verfügte England über nur vier Universitäten, die deutschen Staaten über mehr als fünfzig.«[25] Das Bildungsbürgertum stellt für Watson ein wichtiges gesellschaftliches Korrektiv dar, weil nur Bildung den Menschen mit den persönlichen Freiräumen ausstattet, die nötig seien, um »eine gesunde Skepsis gegenüber der öffentlichen Sphäre entwickeln zu können.«[26] Weitreichende Folgen hatte während der Weimarer Republik und in den Jahren 1933 bis 1945 das Versagen des geschwächten Bildungsbürgertums. Nur dieses verfügte über die Bildung, »die nötig war, um Skepsis zum Ausdruck bringen zu können und den Aktionen und Vorhaben des Mobs zuvorzukommen«.[27]

Zu guter Letzt nimmt Watson die Sehnsucht nach einer erlösenden Kommunität in den Blick. Diese Sehnsucht kann sich einerseits ausgestalten in eine faustische Suche nach dem Ganzen, dem Zusammenhang oder dem übergeordneten Sinn. In diesem Falle ist diese Sehnsucht ein forscherisches oder schöpferisches Prinzip – ein ewiges, aber nie erreichbares Ideal.

Und ein solches Ideal muss sie bleiben, um ihre Innerlichkeit, ihre Zartheit, Unweltlichkeit, Versponnenheit und Skepsis zu bewahren. Anderenfalls wird die Sehnsucht übersteigert zum absoluten Wunschtraum nach einer »Schicksalsgemeinschaft«, die den Menschen wirklich erlöst. Und damit kommt der absolute Anspruch auf, die inneren Widersprüche und die gesellschaftlichen Antagonismen tatsächlich endgültig aufzuheben. Der Wunschtraum strebt dann danach, die Unruhe der Deutschen, die sich in der Innerlichkeit des Zweifels, der Skepsis und des Träumens schöpferisch auszugestalten sucht, für ewig aus der Welt zu verbannen. Er macht aus dem rastlosen deutschen Genius einen fanatischen und zerstörerischen »Welterlöser«.

Dem verheerenden Machtanspruch absoluter Wunschträume können wir nur entgegentreten, wenn wir den Mut haben, uns immer wieder neu infrage zu stellen. Eine Gesellschaft, die nicht mehr träumt und zweifelt, läuft Gefahr, ihre Visionslosigkeit durch lebensfeindliche Wunschträume zu kompensieren. Die Irrwege, die die schöpferische Kraft des Träumens durch die erschöpfende und vernichtende Kraft des absoluten Wunschtraumes ersetzen wollen, werden wir uns in den nächsten beiden Kapiteln ansehen.

KAPITEL 4

Die Bannung der Unruhe

Vier Wege und Irrwege

Wir haben festgestellt, dass es neben der allgemeinen Unruhe des Alltags und der gesteigerten Unruhe angesichts der Krise auch eine spezifisch deutsche Unruhe gibt. Das beständige Suchen, Zweifeln und Träumen – die Zustände innerer Zerrissenheit – gehören zum Wesen der »deutschen Seele«.[28] Diese Unruhe ist auch produktiv: Sie kann schöpferisch veredelt werden in Erfindungen und Patente, in Kunst und in wissenschaftliche Systeme. Sie kann Deutschland zum Land der Dichter und Querdenker machen.

Aber die schöpferische Unruhe ist nicht nur produktiv, sie ist auch zutiefst anstrengend. Kein Wunder, dass in Deutschland eben immer wieder die Sehnsucht aufkommt, die Unruhe zu bannen – und sie im Extremfall völlig aus der Welt zu schaffen. Die Wege und Irrwege im Umgang mit der Unruhe werden uns in diesem Kapitel beschäftigen. Denn die Lebenskultur und die gesellschaftliche Entwicklung in Deutschland waren und sind von diesen Wegen und Irrwegen, von Fluchtformen und Sackgassen bestimmt: Der erste Weg sucht die Unruhe durch Abstraktion und Kontrolle zu bannen. Der zweite verwandelt die Unruhe in eine Sehnsucht nach der Ferne und sucht das eigentliche Leben in der Fremde. Der dritte schlägt genau die entgegengesetzte Richtung ein und strebt einen sentimentalen Rückzug in die Heimat an. Der vierte Weg droht geradewegs in eine verhängnisvolle Sackgasse zu führen: Die Unruhe verwandelt sich in Allmachtsfantasien. Und diese Allmachtsfantasien werden in absoluten Wunschträumen fixiert, die nicht täglich neu geträumt werden müssen, sondern Ewigkeitswert beanspruchen.

Abstraktion und Kontrolle

Die Deutschen sehnen sich immer wieder nach der Überwindung ihrer Unruhe, die manchmal sogar in Verzweiflung münden kann. Sie wollen aus dem Dickicht ihrer flackernden Bilder und schwankenden Gestalten entfliehen und in das gleißende Licht absoluter Gültigkeiten treten. Daher streben sie eine abstrakte, verlässliche und perfekte Welt an, die mit der Präzision eines Uhrwerks funktioniert. Sie sehnen sich nach einem Leben, das die Sicherheit und Berechenbarkeit einer Modelleisenbahn aufweist, die in schönem Gleichmaß über die Gleise gleitet. Die verspürte Unruhe soll in klare Formeln und Regelungen gebannt werden.

So verwundert es nicht, dass Deutschland das Land der Abstraktionen und Formalismen ist. Die Welt wird erst begeh- oder befahrbar, wenn sie durch den TÜV geprüft wurde oder die erforderlichen DIN-Normen erfüllt sind. Ein Haus wird erst betretbar, wenn die Hausordnung bereits im Eingangsbereich alle Lebensäußerungen korsettiert. Sekundärtugenden wie Pünktlichkeit oder Sauberkeit sollen dem Alltag seine beunruhigende Vagheit und Strubbeligkeit nehmen. Die Durchreglementierung des ganzen Lebens durch Paragraphen lässt idealerweise Grauzonen und Übergangsbereiche verschwinden – und damit Interpretationsspielräume, welche wiederum Anlässe zu Streitigkeiten sein könnten. Statistiken sollen in jeder Lebenslage die Schwankungsbreite und Mehrdeutigkeit des Seins in die scheinbar unumstößliche Exaktheit einer Zahl verwandeln. Und die allgegenwärtige Bürokratie garantiert – so zumindest die große Hoffnung – die Gerechtigkeit und Pünktlichkeit des Zahlungsverkehrs.

Die Fähigkeit zur Abstraktion ist eine unverzichtbare Ergänzung zur schöpferischen Kraft des Träumens. Denn was nützt die geniale Erfindung eines Motors, wenn man diese Leistung nicht wiederholen könnte? Wenn es also nicht gelänge, Formeln, Pläne, Arbeitsprozesse zu entwickeln, Qualitätsprüfungen durchzuführen, Logistikzentren und Fabrikationsanlagen zu bauen, die diese Erfindung standardisieren und beliebig oft reproduzieren können?

Deutschland lebt von seinen Widersprüchen und Doppelbegabungen: Auf der einen Seite ist es das Land der unruhevollen Träumer und Querdenker, der kreativen Köpfe, Philosophen, Künstler oder Erfinder. Auf der anderen Seite aber auch das meisterliche Musterland der Abstraktion: das Land der Organisatoren, Bürokraten und Logistiker. »Wir prüfen die Welt« schlagzeilte die Wochenzeitung *Die Zeit* über einem Artikel über das weltweite Prüf- und Zertifizierungsgeschäft von TÜV Süd, TÜV Rheinland, TÜV Nord und der Dekra: »In China prüfen sie Spielzeug, Mikrowellenherde und LED-Birnen, in Indien Textilien und Lebensmittel. In Portugal inspizieren die deutschen Konzerne Solaranlagen, in Singapur Aufzüge. Die Türkei nimmt südkoreanische Kernkraftwerke nur ab, wenn die Deutschen genickt haben, und Windräder vor Schweden kommen nur mit deutschem Attest ins Wasser.«[29]

Der Drang zur Abstraktion fördert daher die schon sprichwörtliche »deutsche Sicherheit und Verlässlichkeit«, auf die die Menschen auch in unserer Untersuchung gern mit Stolz verweisen: »Deutschland macht das Leben lebenswert, weil es gut durchorganisiert ist.« Nichts bleibt hier dem Zufall überlassen. Denn hier gibt es lückenlose Verkehrsregeln und Verkehrsleitsysteme, punktgenaue Fahrpläne, genau austarierte Steuerregelungen und ein engmaschiges Versicherungswesen. Das Solidarsystem und die soziale Marktwirtschaft erscheinen als unverzichtbare Stabilisatoren des Gemeinwesens. Im zwischenmenschlichen Bereich werden Ehrlichkeit und Verbindlichkeit als deutsche Werte geschätzt, auf die man sich absolut verlassen will.

Kontrollwahn und Gesinnungs-TÜV

Die Abstraktion kann aber auch zum Irrweg werden. Dann versteigt sie sich in den utopischen Wunschtraum, eine perfekte Welt zu konstruieren, die absolut kontrollierbar und beherrschbar ist. Die Risiken des Lebens, die gefahrvolle Vagheit und Offenheit und die unbefriedigende Unvollkommenheit, die ja der Quell der menschlichen Unruhe sind, sollen radikal beseitigt werden. In dem Glauben, ein besseres oder gesünderes Leben erreichen zu können, steigert sich derzeit – nicht nur in Deutschland – der Wahn der Gesellschaft, wirklich alles überprüfen und kontrollieren zu müssen.

Die Kontrollorgane des ganz normalen Überwachungsstaates nehmen zu: Kameras auf öffentlichen Plätzen, in Fußballstadien, Bahnhöfen und Straßenbahnen, Banken oder Museen sorgen vorgeblich für die öffentliche Sicherheit, die nichtsdestotrotz eine trügerische bleibt. Die Einführung von sogenannten »Nacktscannern« soll den Luftverkehr sicherer machen. Handys mit ihren punktgenauen Ortungsfunktionen bieten heute schon Eltern oder Ehepartnern die Möglichkeit, den Stand- oder Liegeort ihrer Liebsten zu lokalisieren. Gen-Scans suggerieren eine wirksame Kontrolle des Lebens, bevor es überhaupt ins Leben treten könnte.

In deutschen Unternehmen ist es glücklicherweise noch nicht Praxis, die Mitarbeiter mittels versteckter Kameras oder Abhörsysteme auszuspionieren. Aber spätestens seit der Finanzkrise schlägt in vielen Unternehmen die Stunde der Controller. Jeder Posten soll transparent gemacht und geprüft werden. Alle Leistungen, so meint man, könnten auf diese Weise objektiv vergleichbar und beliebig austauschbar gemacht werden.

Ausdruck des heutigen Kontrollwahns ist auch die geforderte digitale Erfassung und Dokumentation aller Arbeitsabläufe. Hier lebt die Fiktion einer doppelten Buchführung. Durch die Übertragung von analogen menschlichen Prozessen in abstrakte Kennziffern sollen alle Operationen genau nachprüfbar und beherrschbar sein. Und gar nicht mal so selten wird in die Dokumentation der Handlung mehr Aufmerksamkeit investiert als in ihre Ausführung. In einer rheingold-Studie zur »Psychologie des Krankenhauses«[30] klagen Ärzte und Pflegepersonal darüber, dass die akribische Dokumentation aller vollzogenen und geplanten Behandlungsschritte am Computer mitunter so viel Zeit frisst, dass man kaum noch dazu kommt, sich persönlich um den Patienten zu kümmern: ihn zu trösten, ihn aufzumuntern oder ihn über die mit seiner Krankheit verbundenen Folgen aufzuklären. Der Wunschtraum, alles überprüfbar zu machen, gebärt den Albtraum einer technokratischen Verwaltungsmaschinerie.

Die Forderung, alles einer strengen Kontrolle zu unterziehen, bevor es in Betrieb genommen wird, mag ja für die Welt der Technik durchaus notwendig und realitätsnah gedacht sein. Wenn aber der Wunsch nach totaler Kontrolle auf menschliches Verhalten übertragen wird, dann entsteht ein Gesinnungs-TÜV oder ein »Terror der Tugend«, wie ihn Harald Martenstein brillant beschreibt:[31] Das Fremdgehen prominenter Schauspieler, ihr Alkoholkonsum während der Schwangerschaft, das Nichtanschnallen während der Autofahrt, eine politisch nicht absolut korrekte Aussage, eine Prügelei zwischen Kindern – all diese Verfehlungen können heute zu einem gewaltigen kollektiven Aufschrei führen.

Die Missetäter werden dann in den Medien oder den sozialen Netzwerken sogleich an den Pranger gestellt.

Der alltägliche Terror der Tugend basiert, so Martenstein, heute vor allem auf der Forderung nach totaler Transparenz und Geheimnislosigkeit. Privatsphären, Grauzonen und Nischen sollen nicht mehr dem öffentlichen Empörungsblick entzogen sein – die ganze Welt sei gläsern und durchschaubar! Die Allgegenwart von Handykameras und die lebenslange Archivierung aller »Taten« im Internet befördern diese Tendenz zur gnadenlosen Belichtung menschlicher Lebensäußerungen.

Das Gespenst der Freiheit

Selbst in unserer so aufgeklärten Gesellschaft unterliegt die Kontrolle einer Illusion – nämlich genau zu wissen, was richtig und was falsch ist, was eine Tugend und was eine Untugend darstellt. In dieser Rechtsgewissheit findet die »deutsche Tugendrepublik« die Berechtigung zur unerbittlichen Empörung. Und Gründe dafür gibt es reichlich, denn der aktuelle Tugendkatalog wird immer vielfältiger. Das Nichtrauchen, die Fahrradhelmpflicht, das CO_2-neutrale Reisen, die Mülltrennung oder die vorgeburtliche Diagnostik gehören seit einigen Jahren dazu. Sicherlich braucht jede Gesellschaft Normen, Tugenden, Werte und Moralvorstellungen, um das Miteinander zu regulieren und sich als Kultur von anderen Kulturen abzugrenzen. Aber diese Normen sind weder absolut noch ewig gültig. Sie sind relativ und sie wandeln sich mit der Zeit.

In seinem Film *Das Gespenst der Freiheit* bebildert Luis Buñuel auf grotesk anmutende Weise den Wandel gesellschaftlicher Normen und Tabugrenzen: In einer Szene ist eine feine Gesellschaft sittsam an einem großen Tisch versammelt. Erst beim zweiten Hinsehen bemerkt man, dass alle die Hose heruntergelassen oder die Röcke gehoben haben, denn sie sitzen statt auf Stühlen auf Kloschüsseln. Ein vornehm wirkender Herr erhebt sich aus der Verdauungsrunde, fragt das Dienstmädchen nach der Örtlichkeit. Unter einer höflichen Entschuldigung verlässt er den Saal und begibt sich in einen kleinen halbdunklen Raum, den er sogleich verriegelt. An einem ausklappbaren Tisch nimmt er Platz. Durch eine Luke in der Wand werden ihm auf Knopfdruck automatisch eine warme Mahlzeit und eine Flasche Wein gereicht. Während er speist, klopft eine junge Dame an der Tür. Doch das stille Örtchen ist gerade besetzt.

Heute wirkt Buñuels absurde Szene beinahe wie ein kühner Vorgriff auf aktuelle Kontrolltendenzen in der Ernährungskultur.[32] Die Tabuisierung einer genussvollen oralen Hingabe nimmt zu, denn immer mehr Stoffe wie Fett, Zucker oder Kohlenhydrate geraten als »gesundheitsschädigend« ins Visier von Fachleuten und der kritischen Öffentlichkeit. Die Lust auf Fleisch oder fettiges Essen darf ungeniert nur noch beim gemeinsamen Grillen, im Fußballstadion oder auf Volksfesten ausgelebt werden. Im öffentlichen Raum der Arbeitswelt gerät sie verstärkt unter sozialen Druck. Eine junge Angestellte beschreibt beispielsweise im Tiefeninterview, dass sie sich im Büro hin und wieder zum Essen in einer Abstellkammer versteckt. Sie will nicht, dass ihre Kollegen mitbekommen, dass sie eine Portion Pommes Frites vertilgt. Im Kollegenkreis isst sie denn auch demonstrativ Salat oder eine Gemüsesuppe.

Die übergroßen Kontrollideale in Sachen Ernährung drohen das Land zu spalten: in diejenigen, die die neuen Tugenden perfekt umsetzen, und diejenigen, die resignieren und ungeniert weiter mampfen. Dünnsein bedeutet, nicht erst seit heute, fit, attraktiv, aktiv und damit ein »Gewinner« zu sein. Dicksein hingegen wird gleichgesetzt mit ungesund, faul und nicht begehrenswert. Die Dicken gelten zunehmend als undisziplinierte Loser – die aber durch Fernseh-Formate wie *The Biggest Loser* oder *Das große Abnehmen* wieder auf den schlanken Pfad der Tugend geführt werden können.

Erotische Steuerung statt Hingabe

In den Bann von Abstraktion und Kontrolle gerät mehr und mehr auch die Sexualität. Auf den ersten Blick mag dieser Befund erstaunen, denn seit den späten sechziger Jahren ist die Sexualität weitestgehend enttabuisiert worden. Und dass Charlotte Roches perversionslüsterner Reiseführer in die sexuellen *Feuchtgebiete* über ein Jahr lang die Bestsellerlisten angeführt hat, mag vielen ein Beleg dafür sein, dass Deutschland eine rundherum aufgeklärte Gesellschaft ist.

Unsere liberale Kultur hat zwar eine »sexuelle Befreiung« errungen, doch deren Kehrseite sind neue Zwänge und Perfektionsansprüche, die jetzt die Sexualität überfrachten. Denn durch Pille und Viagra ist eine ständige Einsatzbereitschaft möglich und gefordert. Stets soll man Lust haben und man muss eigentlich auch immer können können. Ein ausgefeilter Vorspielknigge gehört mittlerweile zur erotischen Etikette. Ebenso eine Partnerbeglückungsdoktrin, die die gekonnte Beherrschung der Klitoris-Klaviatur oder der Blaskunst abverlangt. Während der Vereinigung soll nicht nur »missioniert«, sondern eine virtuose Vielfalt an Stellungen absolviert werden. Beschreibungen von einer Liebesnacht klingen daher mitunter wie die Berichterstattung von einem kontrollierten Stellungskrieg.

Bezeichnend ist es, dass viele Menschen heute selbst beim Liebesspiel niemals die Kontrolle ganz aufgeben wollen. Jederzeit will man eine gute Figur machen. Ließe man sich einfach gehen und fallen, könnten der Bauchansatz oder die Cellulite an den Oberschenkeln dem Partner auffallen. Neben dieser Performance-Ästhetisierung bremst auch die geforderte Rhythmusgleichschaltung mit ihrem Anspruch, »gemeinsam kommen zu müssen«, die unmittelbare Leidenschaft.

Insgesamt erscheint die Sexualität in unserer aufgeklärten Gesellschaft nicht mehr als eine *terra incognita*, die man sich mittels tastender Grenzüberschreitungen langsam gemeinsam erschließen muss. Sie gilt als persönliches Hoheitsgebiet, das in der totalen eigenen Verfügungsgewalt bleiben soll. Das Ideal ist eine (pornografische) Knopfdrucksexualität, die sich wie im Internet sogleich ereignet, wenn man die richtige Taste drückt. Viele Menschen suchen daher einfache und vor allem beherrschbare Formen der Sexualität, die eine persönliche Glücksmaximierung versprechen. Nur: So einfach ist die Umsetzung dieser Ansprüche nicht, und ihre Unerfüllbarkeit führt in der partnerschaftlichen Sexualität häufig zu Verweigerungshaltungen. Frauen reagieren vermehrt mit Lustlosigkeit, Männer mit Potenzstörungen oder mit der Wandlung ihrer Sexualität in eine autonome Selbstbeschäftigung.

Angesichts dieser neuen Kontroll- und Perfektionszwänge fällt es uns immer schwerer, uns auf das Ungefähre, Unplanbare und Unberechenbare der Sexualität einzulassen. Die Choreografie der gemeinsamen Annäherung ist extrem störanfällig. Es gibt keine Gelingensgarantie, immer kann etwas dazwischenfunken. Diese analoge Störanfälligkeit wird aber heute nicht mehr als natürlich akzeptiert, sondern der Unwilligkeit des Partners oder der schlechten eigenen Tagesform angelastet.

Angst herrscht ebenfalls vor der völligen Selbstauflösung und der orgiastischen Verschmelzung, die ein erfüllender Akt mit sich bringt. Denn dabei gerät man außer sich und wird sich selbst fremd – dieser »kleine Tod« würde also die völlige Hingabe und damit die Aufgabe der eigenen Kontrolle bedeuten. Kein Wunder, dass Sexualität mittlerweile unbewusst vielen Menschen unheimlich ist. So ist man ungewollt in einer seelischen Ambivalenz gefangen: Einerseits sind die Verschmelzung und die temporäre Selbstauflösung das Ziel der eigenen Sehnsucht. Andererseits will oder kann man sich nicht auf diesen Kontrollverlust einlassen.

Die Sehnsucht nach Kontrolle in der Sexualität ist auch bei der Jugend zu beobachten. Die Teenie-Entsagungsromane von Stephenie Meyer, angefangen mit *Twilight – Bis(s) zum Morgengrauen*, erfreuen sich vor allem bei jungen Mädchen großer Beliebtheit und finden sich in den Bestsellerlisten. Thema der *Bis(s)*-Reihe ist die stets keusche und beherrschte Liebe des jungen Mädchens Bella zu dem Vampir Edward. Der Kontrollverlust der Verschmelzung ist hier gar mit einer Todesdrohung verbunden. Denn wenn Bella und Edward ihrem Liebesverlangen nachgeben, dann könnte er sich vergessen und sie beißen – und damit töten. Und so beschreiten die beiden die Wege und Irrwege ihrer romantischen Liebe immer mit einer kontrollierten Beißhemmung.

Psychologisch betrachtet liegen Stephenie Meyer und Charlotte Roche gar nicht so weit auseinander. Wenn Charlotte Roche in den *Feuchtgebieten* beschreibt, wie die Protagonistin die verschmutzte Brille des Autobahnklos mit ihren Schamlippen sauber zu wischen pflegt, bricht sie zwar radikal mit dem Bild vom sauberen Mädchen, dass Stephanie Meyer zu restaurieren sucht. Aber beide Autorinnen eint der Wille zur unbedingten Kontrolle. Denn auch Charlotte Roche tritt letztlich als Perversionsdompteuse auf. Sie provoziert den Tabubruch und reizt die Grenzen der Sexualität in vollem Bewusstsein aus. Aber dadurch bleibt sie auch stets cool und distanziert. Sie blickt auf die Sexualität wie eine Beobachterin, die sich von niemandem wirklich berühren lassen möchte. Verschmelzende Hingabe und bebende Selbstaufgabe? Auch hier Fehlanzeige! In den deutschen Feuchtgebieten legt Frau Roche kontrolliert die letzten Sümpfe trocken. Zurück bleibt die Sehnsucht nach einer erfüllenden Sexualität, die wieder das gemeinsame Abenteuer einer wirklichen Hingabe und Selbstauflösung wagt.

Das Leben in der Fremde suchen

Die Verwandlung der seelischen Unruhe in abstrakte und exakt messbare Werte schafft die Fiktion totaler Kontrolle. Die Gefahr ist daher immer da, im Dienste der Gesundheit oder anderer Werte ein Gemeinwesen – oder besser gesagt eine »Tugendrepublik« – zu errichten, die alles überwacht und sanktioniert, was nicht dem offiziell abgesegneten Wertekodex entspricht. Aber es gehört zur deutschen Ruhelosigkeit, dass auch der Hang zur absoluten Abstraktion als unbefriedigend erlebt wird. Sobald nämlich die hehren Werte von Sicherheit und Verlässlichkeit den Alltag normiert haben, regt sich die Angst, in diesen engmaschigen Regelwerken festzustecken und langsam auszutrocknen. Die Abstraktion verspricht zwar objektive Gewissheit und Kontrolle. Sie führt die Deutschen aber vom wirklichen Leben und vom intensiven Genuss weg. Je stärker sie auf eine perfekt geregelte Welt setzen, desto mehr fühlen sie sich vom bebenden Reichtum des Lebens entfremdet. Und umso mehr beneiden sie das glutvolle und schwelgerische Leben anderer Nationen.

Die Unruhe und das Träumen, die durch Abstraktionen aus dem Leben verbannt werden sollten, werfen sich jetzt auf das Ferne und Fremde. Das wirkliche und intensive Leben ersehnt man an den Gestaden Südeuropas, in den Urwäldern Australiens oder an den weiten Stränden von Hawaii. »Kennst Du das

Land, wo die Zitronen blühen?«, dichtete bereits Johann Wolfgang Goethe in *Wilhelm Meisters Lehrjahre*. Man tagträumt sich in ein erfüllteres Leben an einem anderen wonnevolleren Platz. Und viele Deutsche erwähnen in den Tiefeninterviews den Sehnsuchtsschlager von Udo Jürgens: »Ich war noch niemals in New York, ich war noch niemals auf Hawaii, ging nie durch San Francisco in zerschlissenen Jeans …«

Fasziniert beschreiben die Menschen immer wieder die Fülle anderer Lebensformen: die gelassene Genusskultur der Franzosen, die Kinderliebe der Italiener oder die Herzlichkeit der Türken. Im Abgleich mit diesen Ländern wird dann das Deutschsein als defizitär erlebt. Neidvoll stellt man fest, dass in diesen Ländern etwas lebendig zu sein scheint, was einem selbst in Deutschland entgeht. Einen Zipfel des gesteigerten Lebens, das anderswo blüht, will man jedoch unbedingt erheischen. In den Ferien spürt man so immer wieder den Drang, in diese Länder aufzubrechen und sie zu erkunden. Oder man schwärmt von der türkischen, arabischen, mexikanischen oder chinesischen Küche. Auch über das Mobiliar leibt man sich das lebensvoll Fremde ein: Der eigene Wohnungsstil gleicht häufig einem Multikultipatchwork, in dem Bilder, Andenken oder Accessoires aus anderen Kulturkreisen das Deutsche beleben und bereichern sollen.

Dennoch findet in der Regel keine wirkliche Auseinandersetzung mit dem Fremden statt. Eine Integration des Fremden in das eigene Leben bleibt aus. Es kommt nur zu einem unverbindlichen Urlaubsflirt mit der Exotik (und vielleicht Erotik) des glutvolleren Lebens, zu einem flüchtigen Vierzehntagestraum. Denn je weiter man sich dem Fremden zuwendet, desto stärker meldet sich die Angst, sich selbst zu verlieren oder zu verraten. Als Folge kippt die Faszination des Fremden meist wieder um in eine Abgrenzung von ihm – und in die Beschwörung des Heimatlichen.

Die Heimat: Mutterlandsliebe und Vaterlandsliebe

Die deutsche Unruhe wird in der Sehnsucht nach der Fremde auf eine weite Reise geschickt – in der Hoffnung, dass sie sich in der Ferne verheißungsvoller Horizonte verliert. Bei der Beschwörung der Heimat verhält es sich umgekehrt: Die Rückkehr zu den persönlichen Ursprüngen, so die Hoffnung, hebt alle Unruhe wieder auf, und man erlebt sich im Einklang mit der Welt.

Die Liebe zur Heimat unterscheidet sich stark von der Vaterlandsliebe; man kann sie als eine Art Mutterlandsliebe beschreiben. Und dem Mutterland begegnen wir in der Regel mit einer anderen Haltung als dem Vaterland. Das Vaterland weist autoritär-strenge und, wie der Name schon sagt, väterlich-fordernde Züge auf. Es verlangt uns viel ab: Wir müssen Steuern zahlen, die Straßenverkehrsordnung beachten und überhaupt unsere Staatsbürgerpflichten erfüllen. Vater Staat fordert von uns, dass wir arbeiten gehen und unser Brot selbst verdienen. Wir sollen ab der Schulzeit Leistungen erbringen und uns weiterqualifizieren. Und da die väterliche Macht des Staates letzten Endes doch leider arg beschränkt ist, sollen wir uns auch noch selbst versichern und unsere finanzielle Zukunftsplanung in die Hand nehmen.

Wir sehen: Die Liebe zum Vaterland ist immer eine höchst ambivalente Sache. In ihr mischen sich stets Bitternis, Widerstand und Trotz gegen all die auferlegten Einschränkungen und Verzichtsleistungen. Die Liebe zur Heimat hingegen besitzt eine ganz andere Tiefe und Intensität. Mit der Heimat verbindet man eher mütterliche Eigenschaften, sie trägt, sie behütet und versorgt. In der Heimat fühlt man sich geborgen und aufgehoben, ohne Vorbedingungen erfüllen oder Gegenleistungen erbringen zu müssen. Die Heimat steht dafür, dass einem eine bedingungslose Liebe und Versorgung zuteil wird. Im Gegensatz zum abstrakten Deutschsein verheißt sie auch konkrete Genussformen: Jede Region verwöhnt ihre Landeskinder mit ihren Spezialitäten, ob Sauerbraten oder Maultauschen, Rostbratwurst oder Labskaus. Traditionen wie der Karneval beziehungsweise die Fastnacht, das Oktoberfest oder die Schützenfeste versprechen eine unbeschwerte und sinnliche Lebenssteigerung. Mit der zunehmenden Hinwendung zu regionalen Produkten ist die Vorstellung von mütterlicher Nähe und Fürsorge verbunden, und gerade in unsicheren Zeiten beschwören die Menschen die Versorgungsparadiese ihrer Kindheit. Und die liegen nun mal nicht in den Tropen, sondern in den persönlichen Nahbereichen.

Die Liebe zur Heimat wird von den Menschen immer als eine unschuldige Liebe beschrieben. Denn die kleine Heimat bietet einen Ausweg aus dem mit dem großen Deutschland verbundenen Schuldkomplex. Hier findet man eine Identität, die einen stützt und die nicht mit nationalem Pathos oder mit Verblendung verbunden ist. Stolz kann man sich dazu bekennen, Bayer, Rheinländer oder Sachse zu sein und sich dabei auf seine regionalen Besonderheiten zu berufen.

Das verlorene Paradies der Kindheit

Aber die Liebe zur Heimat hat noch eine tiefere Dimension. Wenn man mit Menschen im Tiefeninterview über die Bedeutung der Heimat spricht, dann ändert sich bei diesem Thema sogleich ihre Stimmung und ihr Tonfall.[33] Ihre Stimme wird weicher und bedächtiger, ihre Augen glänzen, und manchmal sind sie zu Tränen gerührt. Dem Psychologen werden sogleich Kekse und Kaffee angeboten. Es breitet sich ein wohliges Einvernehmen und eine vertraute Offenheit aus, als würde man sich bereits seit Jahren kennen. In diesen sehnsuchtsvollen Sog der Vertrautheit mischt sich jedoch immer wieder eine schmerzliche Melancholie.

Mit der Heimat wird immer wieder ein traumhafter Zustand der Sorgenfreiheit, des Aufgehoben- und Beschütztseins verbunden. Die Freunde, das Haus der Eltern, die Familie, der Apfelbaum im Garten, die Tasse, aus der man als Kind immer seinen Kakao trank, werden beschrieben. Mit all diesem Altbekannten und Vertrauten verbindet sich ein Gefühl der Urgeborgenheit. In dieser ganzheitlichen Sphäre des Aufgehobenseins existierten noch nicht die Trennungen zwischen Innen und Außen, zwischen Ich und Umwelt. Man fühlte sich unmittelbar mit der Welt verbunden. Dieser Zustand ist im Laufe des Erwachsenwerdens schmerzlich verloren gegangen, es bleibt die lebenslange Sehnsucht, dieses Gefühl der Einheit wieder zu erlangen.

Doch diese Sehnsucht ist unerfüllbar und zum Scheitern verurteilt. Allenfalls für einen kurzen Moment wird dieses Gefühl wiederbelebt, wenn man sich erneut der Heimat annähert. Aber sobald man konkret in diese Heimat eintaucht, sei es auch nur zeitweilig, weicht die Sehnsucht der Ernüchterung. Beim Weihnachtsessen oder bei der Familienfeier realisiert man schnell, dass zwar die Menschen und das Umfeld vertraut geblieben sind, jedoch lässt sich das verlorene Paradies der Ganzheitlichkeit nicht wiederherstellen. Das ständige Verfehlen dieser großen Sehnsucht mag auch die Melancholie erklären, die beim Thema Heimat immer mitschwingt.

Die Menschen hoffen jedoch zumindest einen Abglanz der Heimat zu finden: Das eigene Heim, der Schrebergarten, eigene vier Wände mitsamt gewünschter Gemütlichkeit, der Glanz in den Kinderaugen bei der Weihnachtsbescherung, der Duft des noch warmen Backwerks – all das soll zumindest ein Gefühl von Geborgenheit, Versorgung und Überschaubarkeit herstellen. Die Sehnsucht nach Anbindung, Gemeinschaft und mütterlicher

Obhut wird verlagert auf neue Orte, neue Partner oder neue Medien, auf die eigene Familie, den Freundeskreis oder den Fußballverein. Doch das primäre Sehnsuchtsziel Heimat bleibt ein unwiederbringlicher Kindheitstraum.

Heimat als Verkaufsschlager

Den Wunsch, sich als Ausgleich vom Alltag in nahen Lebenswelten zu erden, bedient auch die *Landlust*. Sie hat es geschafft, in wenigen Jahren zur erfolgreichsten deutschen Zeitschrift zu avancieren, die mit ihrer Auflage von mehr als einer Million selbst den renommierten *Spiegel* hinter sich lässt. Unsere Studie zeigt, dass die *Landlust* ein Gegenentwurf zu einer globalisierten Welt ist, die sich immer schneller dreht und die für die Menschen immer abstrakter und unwirklicher wird. Bereits in ihrem Veröffentlichungsrhythmus setzt das Magazin auf Entschleunigung: Es erscheint nur alle zwei Monaten und lässt seinen Lesern genug Zeit zum Blättern, Schmökern und Vertiefen.

Dabei richtet die Zeitschrift ihren Blick auf den Nahbereich, auf die Schönheiten der Landschaft oder die Sehenswürdigkeiten der Umgebung. Der so häufig über die endlosen Weiten des weltweiten Netzes schweifende Blick wird auf das scheinbar Banale und Beiläufige gerichtet, etwa wenn man auf einer Fotostrecke von acht Seiten einer Spinne dabei zuschaut, wie kunstfertig sie ihr kleines Netz knüpft. Das schafft ein fast kontemplatives Lesegefühl, das aber auch die Zuversicht bestärkt, dass es im eigenen Garten und in der eigenen Region Abenteuerliches und Ungesehenes zu entdecken gibt.

Der Gleichförmigkeit des täglichen Hamsterrades wird in der *Landlust* der Wechselrhythmus der Jahreszeiten entgegengestellt. Der Alltag bekommt eine wechselnde und jeweils spezifische

Färbung und Ausrichtung und man selbst Anregungen für den Schmuck der eigenen vier Wände, was angepflanzt oder eingeweckt werden kann oder welche Gerichte in die Jahreszeit passen. Die betont einfache Umsetzung dieser Rezepte oder Ideen, die von den Lesern häufig aufgegriffen werden, verschafft ein Erfolgsgefühl tätiger Selbstwirksamkeit.

Aber selbst wenn ein Gericht, eine Bepflanzung oder eine Dekoration nicht so gelingen sollte, scheint das die *Landlust*-Fans nicht sonderlich zu stören. Denn die Zeitschrift betreibt eine Versöhnung mit dem Nicht-Perfekten. Die glitzernden Versprechen der Werbung, die Anreize der neuesten Mode oder die Designbrillanz eines Hochglanzlayouts weichen dem wohlwollenden Blick auf die Schönheit eines verwitterten Baumes oder einer verschrumpelten Pflaume.

Die Sehnsucht nach einer heilen Welt

Die Sehnsucht nach einem Ausgleich vom multioptionalen Turbo-Alltag scheint derzeit epidemisch zu sein. Neben der *Landlust* behaupten sich auf dem Markt mittlerweile die Magazine *Landgenuss, Landidee, Landleben, Landspiegel, Liebes Land, Land & Berge, Mein schönes Land* und *Hörzu Heimat*. Auch wenn die immer größer werdende Fangemeinde dieser Magazine ihr Leben nicht grundsätzlich ändern und aufs Land ziehen will, so dringen Anklänge dieser heimatlichen Welten immer stärker in die Städte ein. Der eigene Garten oder der Schrebergarten feiern ihr Comeback als Erholungs- und Rückzugsorte sogar für junge Menschen zwischen 20 und 30 Jahren. Hier wird dann nicht nur das Grün, sondern beim gemeinsamen Grillen und Chillen auch die Gemeinschaft gepflegt. »Guerilla Gardening« bepflanzt und umzäunt Parkbuchten und grüne

Fleckchen entlang der Bürgersteige. Das Innere des Kreisverkehrs wird begrünt oder geschmückt.

Viele Sehnsuchtsorte der Einkehr und der mütterlichen Versorgung – Gaststätten, Bistros und Restaurants – verheißen bereits durch ihren Namen eine heile, heilige oder märchenhafte Welt. Allein in meinem persönlichen Kölner Umfeld habe ich die Auswahl zwischen »Hans im Glück«, »Milchmädchen«, »Zum scheuen Reh« und »Die fette Kuh«. Oder ich besuche das »Himmelreich«, »Pauls Schwester«, »Gottes grüne Wiese«, oder »Glaube Liebe Hoffnung«. Auf den Tischen findet man wieder rot karierte Tischdecken und Blümchengeschirr. Und die durstigen oder hungrigen Gäste dieser Kinderparadiese tragen wieder karierte Hemden, Blüschen und Spitzen, Bärte und Gretchenfrisuren, Hosenträger und Nerdbrillen.

Häufig wird diese heile Welt mit einem Augenzwinkern inszeniert. Der Gartenzwerg wird übertrieben geschminkt, das Hirschgeweih im Wohnzimmer pink angemalt, das Reh im Garten trägt in seinem Ohr ein Piercing. Diese demonstrative, ironische Distanzierung bringt zum Ausdruck: »Ich weiß, die Realität draußen im Lande sieht anders aus – vernünftiger, leistungsorientierter, effizienter und erwachsener –, aber lasst mir doch bitte meinen Spielraum.«

Die selbst geschaffene Idylle kann in der überdrehten Gesellschaft ein Rückzugsort sein. Ein Platz, in dem man zur Besinnung kommt, aus den Fesseln der abstrakten Welt aussteigt und sich der märchenhaften Logik des Träumens überlässt. Dann schafft dieser Rückzug in eine vermeintlich heile Welt produktive Momente des Innehaltens, des Hinterfragens und der Neuorientierung. Es entsteht auf einmal Freiraum für die Frage, wie man in Zukunft leben will, was einem wirklich wichtig ist. Das Idyll kann durchaus die Keimzelle einer neuen gesellschaftlichen Positionsbestimmung und Entwicklung sein.

Die Bannung der Unruhe durch die Flucht ins heimatliche Idyll birgt aber auch die Gefahr, zur Sackgasse zu werden. Dann entsteht das Zerrbild des fremdenfeindlichen Deutschen, der sich resignierend von der Welt da draußen abwendet. Sein Heil und seine Zufriedenheit sucht er nur noch im völligen Rückzug auf die sattsam vertrauten Bastionen der Heimat. Abgeschottet und abgekapselt taucht er ein in das dumpfe Wohlbehagen der Gemütlichkeit, in die Wärme des eigenen Wesens und Verwesens. In diesem Zustand der Stagnation entstehen keine neuen Ideen. Es breitet sich nur eine wehmütige Klage gegen die feindliche Welt aus, und vielleicht steigert sich das Lamentieren sogar zum sentimentalen Selbstgenuss oder zum Ressentiment gegen alles Neue und Andere. Der deutsche Gartenzwerg mutiert dann zum Giftzwerg.

Deutsche Allmachtsfantasien

Aber die meisten Deutschen können und wollen sich nicht selbstzufrieden und selbstgenügsam in die Heimat zurückziehen und sich in einer wehmütigen Deutschtümelei erschöpfen. Die durch die Gemütlichkeit eingeweckte Unruhe der Deutschen wird meist schnell wieder freigesetzt. Denn die Fokussierung auf die Heimat beschwört die Angst vor dem persönlichen oder nationalen Bedeutungsverlust. Man fühlt sich dann im Weltkonzert nur noch klein, unbeachtet und mickrig. Und die deutsche Unruhe wird dann in Allmachtsfantasien überführt, in denen die Größe und Weltbedeutung von Deutschland beschworen wird.

Vor allem der Stolz auf die in der Geschichte immer wieder bewiesene Leistungskraft kann sich in Weltmeisterfantasien steigern. Deutschland soll über allem stehen: Exportweltmeister, Wirtschaftsstabilitätsweltmeister, Innovationsweltmeister, Fußballweltmeister, Umweltweltmeister, Friedensweltmeister oder mit Blick auf die Finanzkrise neuerdings auch Sparweltmeister. Die offene Bekundung dieser Überlegenheits- und Allmachtsfantasien wird zwar meist durch die politische Korrektheit und durch den schuldbewussten Blick auf die nationalsozialistische Vergangenheit gebremst. Aber im geschützten Raum eines psychologischen Tiefeninterviews, an den Stammtischen oder im privaten Kreis werden sie dennoch immer wieder artikuliert. Viele Deutsche sind stolz darauf, dass das Land die wirtschaftliche und finanzielle Potenz besitzt, Zahlmeister Europas zu sein. Sie beanspruchen aber auch, Lehrmeister Europas zu sein. Vor allem am Beispiel des chronisch überschuldeten Griechenlands machen sie die Überlegenheit des deutschen Systems fest. Denn dieses gründet sich auf als absolut erachtete abstrakte Werte: Fleiß, Disziplin, Pünktlichkeit, Ordnung, eine funktionierende Verwaltung und Bürokratie, ehrliche Politiker und brave Steuerzahler.

Die Fantasie von der Systemüberlegenheit Deutschlands führt auch zu einem eher distanzierten bis abwehrenden Verhältnis gegenüber der Idee eines starken und vereinten Europas. Mit Europa verbinden viele Menschen in Deutschland weder eine erstrebenswerte Vision noch ein Entwicklungsbild, in dem man sich aufgehoben im Sinne von geborgen und gesteigert fühlen könnte. Und auch die Politiker vermitteln den Wählern nicht mehr – wie in der Vergangenheit vielleicht Konrad Adenauer, Willy Brandt oder Helmut Kohl –, dass Europa ihre Herzensangelegenheit ist. Aus Sicht der Bevölkerung scheint Europa eher ein politisch opportunes Vernunftprojekt zu sein.

Vielen gilt Europa heute als ein formales Länderabstraktum, das den genussfeindlichen Reglementierungs- oder Kontrollwahn der Deutschen noch zu potenzieren droht. Europa scheint in erster Linie ein Zuchtmeister zu sein, der dem eigenen Leben weitere Einschränkungen auferlegt. Beinahe exemplarisch für das reservierte Verhältnis zu Europa ist die folgende Aussage eines 61-jährigen Mannes: »Mit der EU wird der Schlamassel immer größer. Das Dirndl der Kellnerin im Biergarten darf nicht mehr so weit ausgeschnitten sein, wegen der Sonne, weil es da eine europäische Richtlinie gibt. Deutschland ist eh nur so stark in die EU einbezogen worden, weil es wiedervereinigt war, damit es selbst nicht viel Macht kriegt.«

Europa ist also kein erstrebenswertes Leitbild für die Menschen, sondern wird eher als eine Zwangsmaßnahme erlebt, der man sich diszipliniert zu fügen hat. Dass sich die Deutschen trotz der vorhandenen Ressentiments als europäische Musterschüler erweisen, hängt paradoxerweise mit ihrer Angst vor der eigenen Größe und Durchsetzungsstärke zusammen. Die Eingliederung Deutschlands in die europäische Familie ist eine demokratische Erziehungsmaßnahme, die nach dem Krieg die Chance bot, wieder in die Staatengemeinschaft aufgenommen zu werden. Und sie soll heute einen gemeinsamen Wertekodex stärken und so das erneute Aufflammen eines deutschen Chauvinismus eindämmen. Die Opferleistungen und die Solidarität, die man offiziell gegenüber Europa an den Tag legt, sind sozusagen Schuldabtragungen gegenüber den geschichtlichen Verwerfungen und Versicherungsprämien gegenüber dem potenziell immer wieder aufglimmenden Größenwahn.

Kippen von Selbstübersteigerung in Selbstzweifel

Aber es kennzeichnet die Unruhe und innere Zerrissenheit der Deutschen, dass sie von ihren wirtschaftlichen Leistungen oder ihrer führenden Stellung in Europa nicht dauerhaft überzeugt sind. Sie neigen nicht zu chronischer Betriebsblindheit und

Selbstüberschätzung: Letztere kippt in den Tiefeninterviews sogleich wieder in Selbstzweifel um. Die Ergebnisse der PISA-Studien, die Entwicklung Deutschlands hin zu einer Zweiklassengesellschaft, die explodierenden Kosten im Gesundheitswesen, die noch nicht vollzogene Integration von Migranten oder die Überalterung der Gesellschaft sind immer wieder Anlass, den eigenen Weg und die eigenen Erfolge infrage zu stellen.

Viele Deutsche besitzen die fast schon seismografische Gabe, vor allem das zu sehen oder zu spüren, was nicht gut läuft oder was eine Fehlentwicklung werden könnte. Ihr notorischer Zweifel ist ein seelischer Korrektur- oder besser gesagt Relativierungsmechanismus gegen die Gefahr, sich sattsam und beständig in einem Gefühl von Größe oder Überlegenheit einzurichten. Vor allem die tägliche Talkshow ist nichts anderes als eine Weihestunde des deutschen Selbstzweifels. Sie hat den Charakter einer rituellen deutschen Bußübung, in der sich die Menschen versichern, dass es keine einfachen Lösungen und keinen klaren Ausweg aus den Problemlagen gibt.[34]

Die deutsche Angst und der deutsche Selbstzweifel werden im In- und Ausland oft belächelt oder lösen großes Erstaunen aus, weil sie gar nicht zu dem Klischee der gradlinigen und durchsetzungsstarken Deutschen passen wollen. Aber für die deutsche Seele ist diese Angst ein äußerst sinnvoller Mechanismus. Die Angst antizipiert die mögliche Entwicklung. Sie ist Ausdruck einer rastlosen und suchenden Haltung, die sich nicht gemütlich im schönen Augenblick einrichtet, sondern immer schon ahnt, was noch geschehen mag und wie sich die Dinge des Lebens in ihr Gegenteil verkehren könnten. Die Angst ist produktiv, solange sie zu Wachsamkeit und zu gesteigerter Beweglichkeit motiviert. Und solange sie uns auffordert, Entwicklungen im Auge zu behalten und rechtzeitig Vorsorge zu treffen oder gegenzusteuern. Verhängnisvoll wird die Entwicklung, wenn Deutschland versucht, Ängste und Zweifel radikal zu beseitigen. Wenn sich das Land aus der Relativität des Träumens verabschiedet und in die Absolutheit eines besessenen Wunschtraumes flieht.

KAPITEL 5

Träumen und falsche Träume

In ihrer rastlosen Unruhe entwickelt die deutsche Seele widersprüchliche Träume. Einerseits will sie ihre schwirrenden Suchbewegungen in Zuständen des Werkelns und Erfindens schöpferisch veredeln. Andererseits träumt sie davon, ihre Unruhe komplett stillzulegen, indem sie nach abstrakten und absoluten Werten strebt, die ein Höchstmaß an Lebenskontrolle verheißen. Das sehnsuchtsvolle Ausschwärmen in die Exotik und Erotik der Ferne charakterisiert die deutsche Seligkeit genauso wie die sentimentale Rückkehr in die Kinderparadiese der eigenen Heimat. Und weltbewegende Größenfantasien prägen ebenso das Deutschsein wie der notorische Selbstzweifel. Die deutsche Seele bleibt lebendig und produktiv, solange sie diese inneren Widersprüche ihrer Träume immer wieder erkennt, sie austariert und ausgestaltet. Das ist schwer auszuhalten und ungemein anstrengend, denn es erfordert, immer wieder neu zu träumen und seinen Kurs zu korrigieren.

Die Gefahr einer seelisch ungesunden Entwicklung liegt nicht in der Fähigkeit zu träumen, sondern in der radikalen Vereinseitigung auf *den einen* Erfolgsweg oder *den einen* Traum, der eine dauerhafte Erlösung von der Unruhe verspricht. Denn angesichts des ständigen gesellschaftlichen Wandels und der stets aufs Neue zu vermittelnden Interessenkonflikte ist jede Lösung nur für begrenzte Zeit tragfähig. Die Hoffnung auf eine endgül-

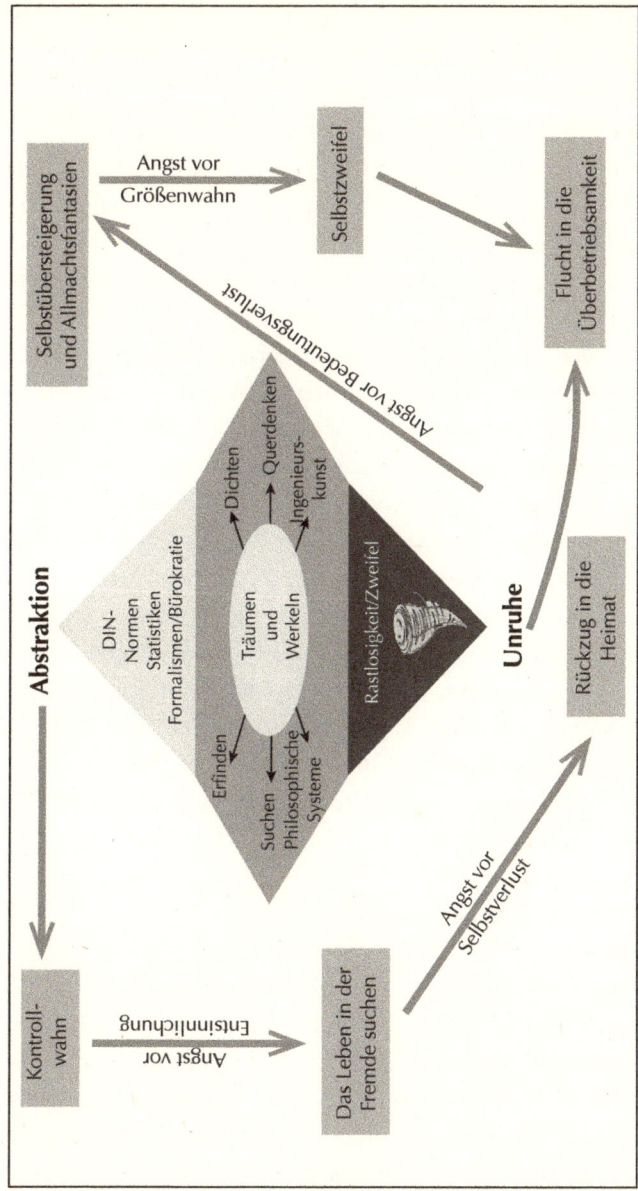

Wege und Irrwege: Wohin die Unruhe führen kann

tige oder zumindest auf eine dauerhafte Erlösung ist daher eine fatale psychologische Sackgasse.

Verantwortlich für diesen Irrweg ist nicht das Träumen an sich, sondern die Flucht in einen unumstößlichen Wunschtraum. Es gibt kein falsches Träumen, aber es gibt falsche Träume. Falsche Träume sind Absolutheitsträume, die die Widersprüche des Lebens radikal beseitigen wollen und Ewigkeitswert beanspruchen. Daher will ich in diesem Kapitel das Träumen und den absoluten Wunschtraum klar voneinander abgrenzen.

Das Träumen ist ein lebenswichtiger Korrekturprozess, der immer konkret auf den vergangenen Tag bezogen ist. Es greift unsere Ängste, Wünsche und Probleme auf und verarbeitet sie. Im Traum können wir Lösungsansätze oder Ideen entwickeln, wie wir die nächsten Tage anders gestalten können. Aber diese Lösungsansätze sind provisorisch. Sie beanspruchen nur eine Gültigkeit für den einen Tag, auf den sie bezogen sind. In der nächsten Nacht ist der Traum bereit, sich zu revidieren und auf andere Besonderheiten, Wünsche oder Beschränkungen hinzuweisen. Wir wissen nie, was uns in der nächsten Nacht erwartet und welche seltsamen Kapriolen uns der Traum bringt. Auch diese Unberechenbarkeit des Träumens kann von Menschen und einer Gesellschaft als eine Zumutung erlebt werden.

Der absolute Wunschtraum

Der absolute Wunschtraum begnügt sich nicht mit einer Rolle als sich ständig korrigierendes Gedankenspiel. Er beansprucht ewige Gültigkeit. Der Traum von einem tausendjährigen Reich, die Sehnsucht nach einem absolut gerechten Gottesstaat, das Ideal einer klassenlosen Gesellschaft, die Vorstellung vom Paradies auf Erden oder die Hoffnung, ewig jung zu bleiben, sind Absolutheitsträume. Sie beanspruchen Ewigkeitswert und Gültigkeit für alle Menschen auf der Welt. Der absolute Wunschtraum soll das festgeschriebene Glaubenspostulat der Masse sein.

Solche absoluten Wunschträume haben nichts mit dem nächtlichen Träumen zu tun. Denn der Wunschtraum kennt nur *ein* Ziel, das es unbedingt zu erreichen gilt. Die Vorherrschaft der arischen Rasse, der Raum im Osten, der Sieg des Kommunismus, das deutsche Wesen, an dem die Welt genesen soll, die Durchsetzung der Scharia oder die angstfreie Gesellschaft ... die Aufzählung ließe sich fortsetzen. Solche Ziele haben einen wahnhaften Charakter. Sie berücsichtigen weder die Beschaffenheit der Welt noch das Wesen und die Konstitution der Menschen. Vor allem sind sie wie in Stein gemeißelt, Revision ausgeschlossen. Sie sollen aber auch gar nicht dem Wandel der Verhältnisse oder der Zeit angepasst werden.

Für die absoluten Wunschträume der Diktaturen und der religiösen Fundamentalisten ist das ständige Relativieren des Träumens und seine Rätselhaftigkeit eine unerträgliche Provokation.[35] Denn sie gefährden das Ziel, Herrschaftsverhältnisse und Glaubensrichtungen auf ewig zu zementieren. Individuelle Träume müssen daher ebenso verboten werden wie die pluralistische Werbung. Jedes offene Infragestellen des Systems oder des Glaubens gilt als staatsfeindlicher Akt oder als Verrat am einzigen Gott. Die Gestapo, die Stasi oder die heilige Inquisition avancieren dann zu drakonischen Überwachungsorganisationen, die das Aufkommen – oder schlimmer noch das Leben – von »abweichenden Träumen« um jeden Preis verhindern sollen.

Da sich Träume und auch die Werbung niemals gänzlich verbieten lassen, versuchen Diktaturen oder Fundamentalisten sie zu vereinnahmen und damit in eine ihnen genehme Form zu bringen. Propaganda ist nichts anderes als eine staatliche Form der Werbung. Allerdings eine Werbung, die nicht pluralistisch ist, die also nicht Hunderte von gleich gültigen und einander widersprechenden Glücksbotschaften nebeneinander stehen lässt. Die staatliche Propaganda verordnet und verkündet vielmehr eine Sicht der Wirklichkeit, die gefälligst für alle eine bindende Gültigkeit zu besitzen hat. Und diese Sicht begründet sich in einem absoluten Wunschtraum, der das Sehnsuchtsziel der Masse sein soll.

Der absolute Wunschtraum begnügt sich nicht – wie der nächtliche Traum – mit der Anregung, das eigene Leben einmal anders zu betrachten. Er will vielmehr direkt auf die Lebenswirklichkeit einwirken. Die gesellschaftlichen Verhältnisse will er dauerhaft bestimmen und festzementieren. Er hat den Anspruch, unsere Wirkungsmöglichkeiten oder Größenfantasien tatsächlich ohne Abstriche und Kompromisse durchzusetzen. Dadurch entwickeln absolute Wunschträume ihre eigene Besessenheit.

Absolute Wunschträume sind falsche Träume mit einem lebensfeindlichen Anspruch. Sie sind rücksichtslos und interessieren sich nicht dafür, was möglich, was machbar oder sinnvoll ist. Sie schustern die bestehende Wirklichkeit radikal nach ihrer Direktive zurecht. Das verleiht den Wunschträumen ihre ungeheure Wucht und faszinierende Stoßkraft: »Sie sagen, was zu glauben, zu hoffen, zu fürchten, zu tun und zu lassen ist. (…) Die Besessenheit will Schicksal spielen, der Arm Gottes sein, verwandeln können – wenn nicht wie Gott, dann wie der Teufel.«[36]

Ihre Faszinationskraft gründet sich auch darin, dass sie Ordnung ins Leben bringen. Sie trennen radikal zwischen gerechten und ungerechten, zwischen reinen und unreinen Verhaltensweisen. Was nicht ihrer Entwicklungsrichtung entspricht, besitzt kein dauerhaftes Existenzrecht, sondern muss als Feind der rechten Gesinnung entschieden bekämpft werden. Durch ihren Absolutheitsanspruch führen sie zu totaler Ernüchterung oder zur Vernichtung von Leben oder Lebensqualität. Der besessene Wunschtraum verwandelt den Alltag in einen Albtraum.

Zwischen Allmacht und Paradies – die Spielarten des absoluten Wunschtraumes

Wunschträume treten in unterschiedlichen Gestalten und Verkleidungen auf. Die gefährlichsten und markantesten absoluten Wunschträume sind die Allmachtsträume, die einem Land oder einer Religionsgemeinschaft ihre uneingeschränkte Vormachtstellung suggerieren. Aufgrund ihrer vermeintlichen Überlegenheit als einzig gerechte Ideologie oder einzig wahrer Glaube beanspruchen sie die Unterdrückung oder Überwindung anderer Weltanschauungen oder anderer Religionen. Die Folgen dieser Überlegenheitsutopie sind verheerend, wie nicht zuletzt die deutsche Geschichte im letzten Jahrhundert gezeigt hat.

Eine auf den ersten Blick friedliche und völlig ungefährliche Spielart des absoluten Wunschtraumes ist der Traum vom Paradies auf Erden. Verheißungen von ewiger Jugend und Unschuld sind moderne Paradiesträume. Sie versprechen eine Erlösung bereits im Hier und Jetzt und nicht erst im Jenseits; sie entwerfen einen Zustand völliger Freiheit, in dem sich alle nach Belieben entfalten können. Die Menschen werden entbunden von der Macht des Schicksals, von den Härten der Arbeit, von den Widersprüchen des Lebens oder von den Festlegungen oder Hypotheken der eigenen Geschichte. Im Paradies leidet man keinen Mangel, es herrscht ein Klima allumfassender Harmonie und man kann immer wieder einen Neuanfang starten.

Der Paradiestraum geht in Anlehnung an die Gesellschaftskritik des Philosophen Jean-Jacques Rousseau davon aus, dass erst die Zivilisation mit ihren Verwerfungen den Menschen aus seinem natürlichen Reinheits- und Harmoniezustand herausgerissen hat. Ein Zurück zum Naturzustand würde letztlich das Pardies wiederherstellen. Doch auch die naive Unschuld des Paradiestraumes verdeckt nicht den besessenen und menschenverachtenden Charakter dieser Utopien. Wie das paradiesische Ideal, ein digitales Leben führen zu können, unseren Alltag in den rasenden Stillstand getrieben hat, werde ich im nächsten Kapitel beschreiben.

Eine ungefährliche Alltagsvariante des Paradiestraumes ist der Urlaubstraum. Hier wird der Absolutheitsanspruch auf ein gesteigertes und sorgenfreies Leben auf wenige Wochen reduziert, die wenigstens einen Abglanz paradiesischer Verhältnisse bescheren sollen. Eng verwandt mit dem Paradiestraum ist auch der Kindheitstraum. Hier wird das verlorene Paradies in der eigenen Kindheit verortet, wie wir schon im letzten Kapitel beim Thema Heimat sahen. Die Erlösung von dem Unbehagen und der Unruhe des Lebens soll durch die Rückkehr in die Geborgenheit und Ganzheitlichkeit der eigenen Kindheit möglich werden. Der Kindheitstraum ist die harmloseste Spielart des Wunschtraumes, weil er weder eine kollektive noch eine ewige Gültigkeit beansprucht. Er bleibt eine vage und meist nicht eingelöste sentimentale Sehnsucht des Einzelnen nach der Wiederkehr glücklicher Tage.

Der Tagtraum und die Meuterei gegen die Zwänge des Alltags

Tagträume sind keine falschen Träume, sondern lebensnotwendig. Der Psychologe Heiko Ernst beschreibt in seinem lesenswerten Buch *Innenwelten*, wie die Tagträume uns kreativer, mutiger und gelassener machen. In einer Leistungswelt, die immer höchste Konzentration fordert, ist den Menschen das Abdriften in einen Tagraum mitunter suspekt. Aber dieses Abtauchen ist ein produktiver Prozess und wichtig sowohl für die Persönlichkeitsentwicklung als auch für die geistige Gesundheit.

Der Tagtraum gehört zu den großen und unterschätzten Tröstungen, die uns das Leben bereitstellt, denn er macht es erträglicher und zumindest in unserer Fantasie reicher und erfüllter. Im Gegensatz zum nächtlichen Träumen werden wir in der Regel vom Tagtraum nicht überrascht oder überrumpelt, denn bei unseren Gedankenspielen erleben wir uns als aktive Regisseure. Der Tagtraum bietet uns vielmehr ungeheure Freiheitsgrade und Steigerungsmöglichkeiten.

Tagträume sind meist wie halluzinatorische Wunscherfüllungen »designt« und daher mit den Träumen kleiner Kinder verwandt. Im Tagtraum korrigieren wir eine unliebsame, beschränkende Realität zu unseren Gunsten. Wenn uns beispielsweise der Chef, ein Kollege oder der Partner eine Standpauke hält, der wir jetzt aufgrund von Höflichkeit oder Pflichtschuldigkeit aufmerksam folgen müssen, schafft der Tagtraum eine »wirksame Form des Gefühlsmanagements«.[37] Wir tagträumen jetzt, wie wir den Spieß umdrehen und dem anderen einmal ordentlich die Meinung sagen, oder wir führen unsere stille Wut in viele Rachebilder über: Wir hauen gewaltig auf den Putz oder hauen einfach ab. Dann werden die anderen schon sehen, wie sehr wir ihnen fehlen und wie sehr sie es bereuen werden, dass sie uns so schlecht behandelt haben.

Mitunter nehmen wir die Kritik auch an, malen uns aber schon im gleichen Moment in stolzen Bildern unseren Besserungsvollzug aus. Dann sehen wir uns als Helden der Arbeit, der alle Erwartungen meisterlich überfüllt. Die Kollegen werden vor Neid erblassen und ehrfürchtig zu uns aufblicken. Oder der Partner wird mit tränenden Augen endlich einsehen, wie zärtlich und ausdauernd wir doch im Bett sind oder wie liebevoll wir doch mit den Kindern umgehen können.

Der Tagtraum lässt uns letztlich immer wieder triumphieren. Denn er hält sich nicht an die kulturellen Verabredungen, Rollen und Gesetze, die wir uns in Sachen Macht und Liebe auferlegt haben. Doch wenn wir uns selbst bei unseren Macht- oder Liebesfantasien ertappen, ist uns das mitunter peinlich. Im Tagtraum sind wir unwiderstehlich und allmächtig und können uns alles gestatten, schließlich spielt er sich ja nur in unserem Kopfkino ab. Im Tagtraum schießen wir die Nationalelf in der letzten Spielminute zum Finalsieg, auch wenn wir noch niemals in einer Mannschaft Fußball gespielt haben. Oder wir verführen durch unseren Charme jeden, der uns attraktiv erscheint, obwohl wir von Grund auf schüchtern sind.

Jeder Mensch führt – auch wenn er sich das bewusst oft gar nicht deutlich macht – ein Doppelleben. Neben dem Hauptfilm unserer Alltagstätigkeiten läuft fast rund um die Uhr der Nebenfilm der lindernden, erhebenden oder euphorisierenden Tagträume. Dabei lassen sich zwei Varianten des Nebenfilms unterscheiden. Zum einen ist der Tagtraum eine Meuterei gegen die Zwänge des Alltags: Immer dann, wenn wir uns in ein Zwangskorsett gepresst fühlen, wenn wir also in Verfassungen feststecken, die zu rigide sind oder deren Richtung uns nicht schmeckt, proben wir im Tagtraum die Revolte.

Der Tagtraum ist zum anderen aber auch eine Versicherung gegen Langeweile und Erschöpfung. Sitzen wir etwa in einem drögen Vortrag oder lauschen einem gediegenen Konzert, können wir dieser dramaturgischen Unterversorgung durch das Hinübergleiten in den Tagtraum entkommen. Wir reißen uns aus der Lethargie, steigern unsere Wirkmöglichkeiten, indem wir uns vorstellen, wie wir selbst als Dirigent den Taktstock schwingen oder wie wir furios die noch offenen Tagesprobleme lösen. Im Tagtraum vergewissern wir uns so unserer Lebendigkeit und der in uns schlummernden Schöpferkraft.

Lebensträume – im Reich des Machbaren

Im Gegensatz zu den potenziell destruktiven absoluten Wunschträumen besitzen Lebensträume oder Visionen eine produktiv gestaltende Kraft. Lebensträume geben den Menschen in der inflationären Vielfalt von Entwicklungsmöglichkeiten eine persönliche Leitlinie und verbindliche Orientierung. Die inhaltliche Ausfüllung des Ausspruches »I have a dream …« kann zur Richtschnur der Lebensgestaltung werden.

Wie der Tagtraum verlockt uns auch der Lebenstraum mit dem Versprechen, unsere Wirkungen zu steigern. Wenn ein junger Mann beispielsweise den Traum hegt, Arzt zu werden, dann wird er von Bildern bestimmt, Krankheiten heilen oder zumindest Leid und Schmerzen lindern zu können. Er will vielleicht persönliche Erfahrungen korrigieren, in denen er ohnmächtig miterleben musste, wie Freunde oder Verwandte schwer erkrankten oder starben. Irgendwann kam der idealistische Wunsch in ihm auf, dem Schicksal durch die eigene Heilkunst trotzen zu können. Vielleicht kann er tatsächlich hin und wieder in einer hoffnungslosen Situation ein kleines Wunder vollbringen. Unbewusst hofft er als Arzt seinen persönlichen Status zu erhöhen, von den Mitmenschen hoch angesehen zu werden oder gar als Halbgott in Weiß verehrt zu werden.

Der Lebenstraum schafft aber ganz andere Verbindlichkeiten und Konsequenzen als der flüchtige Tagtraum. Er wird zu einer lebenslangen Herausforderung. Er mobilisiert bereits in der Schule die Kräfte, um den erforderlichen Notendurchschnitt zu erlangen, und hilft später in der Ausbildung oder im Studium, Wichtiges von Unwichtigem zu trennen und sich auf seine Interessengebiete zu fokussieren. Er fordert uns auf, die eigenen Kräfte zu bündeln und einen konsistenten und verlässlichen Kurs einzuschlagen. Wie der Wunschtraum vermittelt der Lebenstraum Dynamik und Stoßkraft. Aber diese Stoßkraft ist nicht realitätsblind.

Das Leben relativiert und modifiziert den Traum, indem es in den Blick rückt, was überhaupt möglich und realisierbar ist: Bin ich als Arzt überhaupt dem permanenten Stress und der Konfrontation mit dem Leiden und Sterben der Patienten gewachsen? Bin ich überhaupt in der Lage, mit Menschen umzugehen und sie zu verstehen? Das Leben verlangt, dass wir Rücksicht nehmen auf unsere Grenzen, auf unsere Möglichkeiten und auf gegebene Rahmenbedingungen. Das Leben verheißt uns keine spontane halluzinatorische Erfüllung, sondern fordert Mühen, Zwischenschritte, jahrelanges Proben und Experimentieren. Das Leben verwandelt den Traum in eine komplexe Lebensaufgabe und eben nicht in eine einfache Wunscherfüllung.

Die deutsche Traumfeindlichkeit

Dem Traum und dem Träumen begegnet man in Deutschland mit großer Skepsis. Das Träumen gilt als eine versponnene und unproduktive Tätigkeit, die immer wieder Blüten treibt. Das Träumen wird verantwortlich gemacht für romantisierenden Überschwang oder für patriotische Übersteigerungen und damit für die Nachtseiten der deutschen Seele und der deutschen Geschichte. Diese Skepsis ist angebracht in Bezug auf die absoluten Wunschträume, die durch ihren verblendeten Ewigkeitsanspruch lebensfeindlich sind. Gänzlich falsch ist die Skepsis hingegen gegenüber den nächtlichen Träumen. Sie sind das Gegenmittel gegen jede Form von Verblendung und Vereinseitigung, die der Tag produziert.

Die pauschale Geringschätzung des Träumens trifft den Lebenstraum ebenso wie die politische Vision oder den nächtlichen Traum. Träumen steht generell unter Verdacht, eine falsche und degenerierte seelische Tätigkeit zu sein. Die Verachtung des Träumens hat eine lange Tradition. Und für die Vernünftigen ist Helmut Schmidts Forderung längst ein geflügeltes Wort: »Wer Visionen hat, soll zum Arzt gehen.« Gegen die unheimliche Nachtseite des Träumens und Romantisierens wird eine vernünftige und rein rationale Tagesseite hochgehalten und als typisch deutsch gefeiert: ein geordnetes Tagwerk, das durch Arbeit, Fleiß, Disziplin und Pflichterfüllung besticht. Für den wirtschaftlichen Erfolg einer Gesellschaft wurde das Träumen als irrelevant oder gar als schädlich betrachtet. Da sich die Menschen aber gerade in Deutschland immer wieder zum Träumen und zum Romantischen hingezogen fühlen, darf es sich wenigstens jenseits der Tageseffizienz in den Reservaten und Schattenreichen der Schrebergärten, Hobbykeller oder der schönen Künste austoben.

Der Streit zwischen Tag und Traum, zwischen Abstraktion und Einfühlung oder zwischen Rationalismus und Romantik zeigt sich in immer neuen gesellschaftlichen Fronten. Auf der einen Seite die Naturwissenschaften, die allein den Fortschritt garantieren, auf der anderen Seite die Geisteswissenschaften, die bestenfalls als interessant, mitunter aber auch als verzichtbar gelten. Auf der einen Seite die liberalen Wirtschaftsrealisten, die dafür sorgen, dass Deutschland leistungsfähig und konkurrenzfähig bleibt, auf der anderen Seite die Sozialromantiker, die ihrer vagen Vision von einer heileren Welt hinterherlaufen. Hier die Schulmediziner, die mit wissenschaftlicher Exaktheit und mit objektiv überprüfbaren Studien die Krankheiten bekämpfen, und dort die versponnenen esoterischen Heiler, die mit Homöopathie, traditioneller chinesischer Medizin oder Naturheilkunde die Menschen behandeln. Und selbst in Bezug auf Deutschland konkurrieren diametrale Bilder: auf der einen Seite das Bild der fleißigen Perfektionisten und bürokratischen Zuchtmeister – auf der anderen Seite das Land der Ideen, der Dichter und Denker.

Psychologisch betrachtet ist dieser Streit müßig, denn beide Seiten sind aufeinander angewiesen. Der Tag, der den Traum komplett ignoriert, erstickt an seinen eigenen Effizienzdiktaten. Er dreht korrekturlos und alternativlos in den immer gleichen Hamsterradroutinen durch; blutleer und ideenlos verliert er den Bezug zu unbewussten Ängsten, Wünschen oder Zweifeln, die ihm die Möglichkeit eröffnen, seinen Tageskurs anders zu bestimmen.

Der Traum, der sich nicht auf den Tag und dessen Notwendigkeiten bezieht, versteigt sich in seine ästhetische Narrenfreiheit; er bleibt verworren, sinnlos, beliebig und lebensfern. Der Tag fungiert als eine Art Realitätsprinzip. Während der Traum alles übersteigert, infrage stellt, Werbung für die ungelebten Seiten des Lebens macht oder zur Revolte bläst, prüft der Tag, ob die nächtlichen Bildangebote überhaupt zu unserem Lebensstil passen. Der Tag grenzt ein und verwirft all das, was unsere Lebensmöglichkeiten oder unsere Schmerzgrenzen überschreiten könnte.

Der Traum verleiht dem Tag Flügel. Der Tag wiederum macht dem Traum Beine. Er drängt auf Realisierungsmöglichkeiten, auf Beherrschbarkeit, auf stabile Verfassungen und auf ein ökonomisch sinnvolles Vorgehen. Ohne diesen Bezug zum Tag würde das Träumen zu einem grandiosen Fiasko. Uns ginge es wie Ikarus, der mit seinen Flügeln zu hoch hinauswollte. Geblendet von seinem verheißungsvollen Traum, der Sonne näher zu kommen, verlor er jede Vorsicht und jeden Realismus und ging an seiner eigenen Übersteigerung zugrunde.

Daher braucht der Einzelne und die Gesellschaft weder die Vorherrschaft des Traumes noch das Primat der rationalen Tageslogik, sondern eine neue Rhythmik zwischen Tag und Traum, zwischen Innehalten und Betriebsamkeit, zwischen Ökonomie und Psychologie. Diese Rhythmik muss immer wieder neu austariert werden, weil jede Zeit Gefahr läuft, zu einseitig die Seite des Tages oder die des Traumes einzunehmen.

Der Einbruch des Irrationalen

Die Übergänge zwischen dem geordneten Tagwerk und der bildlichen Traumlogik sind wichtig, damit wir im Alltag nicht den Bezug zu unseren oft unbewussten Wünschen oder Ängsten verlieren. Setzen wir nur auf die klare Rationalität und die vernünftige Effizienz des Tages, dann erwischt uns die Traumlogik mitunter kalt. Wir geraten in seltsame Fehlleistungen oder erleben konsterniert den Einbruch irrationaler Wendungen. Paradoxerweise verfallen Menschen meist stärker in scheinbar irrationale Verhaltensweisen, desto mehr sie auf absolute Berechenbarkeit und Exaktheit setzen.

Der plötzliche Einbruch des Irrationalen war in den letzten Jahren bei der Affäre um CIA-Chef David Petraeus und im Fall des Politikers Dominique Strauss-Kahn zu beobachten. Einer der höchsten Staatsbeamten der USA betrügt seine Frau und verliert dadurch Amt und Ehre. Und der Direktor des Internationalen Währungsfonds gerät in Verdacht, ein Zimmermädchen vergewaltigt zu haben, und muss sein Amt und seine Ambitionen auf die französische Präsidentschaft aufgeben. In der Öffentlichkeit werden diese persönlichen Tragödien meist mit einer moralisierenden Erklärung versehen, etwa der narzisstischen Selbstüberschätzung der Akteure erklärt. Hochmut kommt ja bekanntlich vor dem Fall.

Aber diese Erklärungsversuche greifen zu kurz. Die verstörende Unbegreiflichkeit dieser Fälle lässt sich so nicht auflösen.

Psychologisch betrachtet können diese Fehlleistungen verzweifelte Versuche sein, einem unbefriedigenden und als zutiefst erschöpfend erlebten Dasein zu entkommen. Einem Leben, in dem man wie in einem goldenen Käfig gefangen ist, in dem auch der Job keine Bestätigung mehr bietet. Einem Leben, in dem man nur noch als Marionette auf einer öffentlichen Bühne existiert. Einer glänzenden Karriere, bei der man aber seine Wirksamkeit nicht mehr verspürt.

Normalerweise könnten die nächtlichen Träume auf solche Fehlentwicklungen hinweisen und anregen, die Karriere oder den Alltag umzugestalten. Wer aber blind in seinem Tagwerk und Status gefangen ist, erkennt keine Möglichkeit zur Kursänderung mehr. Durch einen Seitensprung oder einen sexuellen Übergriff provoziert er mit geheimer Absicht die radikale Veränderung seines bisherigen Lebens. Der Verlust von Job, Beziehung und Karriere wird dann unbewusst in Kauf genommen oder gar von ihm angestrebt, weil er sich insgeheim ein anderes Leben ersehnt: Ein neues Leben mit einer originären Dramatik, in dem er sich wieder als Verführer oder Eroberer erfahren will. Ein Leben, in dem er wieder eine elementare Bestätigung findet, gestreichelt und geküsst wird und in dem sich ihm eine bebende und riskante Zukunftsweite eröffnet.

Allerdings verliert jemand wie Petraeus durch den unreflektierten Durchbruch seiner geheimen Träume die Möglichkeit, die eigene Ambivalenz zwischen Lebensbewahrung und Lebensveränderung aktiv und willentlich auszugestalten. Wie der Held in der griechischen Tragödie rennt er in blinder Selbstzerstörungswut in sein Schicksal. Und weiß nicht, ob die eigene Fehlleistung letztlich eine Selbstzerstörung oder eine Selbstbefreiung ist.

Das E-10-Desaster

Den Einbruch scheinbar irrationaler Verhaltensweisen erleben wir aber nicht nur im persönlichen Leben, sondern auch in der Politik. Und auch hier ist zu beobachten, dass wir zu einseitig auf die Tagesrationalität setzen und die Traumlogik vernachlässigen. Die große Verweigerungshaltung, auf die zum Beispiel der Biosprit E 10 in der Bevölkerung traf, hängt damit zusammen, dass bei der Kommunikation überhaupt nicht auf die unbewussten Ängste und Bilder der Autofahrer eingegangen wurde.

Die Verantwortlichen wählten mit der Bezeichnung E 10 zwar eine chemisch exakte Definition, bedachten jedoch nicht die seelische Wirkung einer solchen Formel. Bereits in der Vergangenheit haben sich Wort-Zahlen-Kombinationen nicht bewährt, weil ihre nichtssagende Nüchternheit sogleich mit eigenen Vorstellungen oder Ahnungen ausgefüllt wird. E 10 erinnert an Hartz IV oder Agenda 2010 – alles Begriffe, die mit einer ernüchternden Endlichkeit konfrontieren.

Zudem klingt E 10 eher nach einem Magendarmvirus als wie ein Motorenkraftstoff und weckt spontan große Ängste vor einer Unverdaulichkeit. Der Motor wird im übertragenen Sinne zum Kolbenfresser. Die Verträglichkeitswarnungen der Automobilindustrie vor E 10 für bestimmte Modelle beglaubigen und steigern diese Vorbehalte. Die Gefahr eines Motorschadens ist wie eine Todesdrohung für die Autonomiewünsche der Fahrer.

Gerade im Umgang mit dem Auto verbinden die Deutschen Tagträume von unbegrenzter Autonomie und Freiheit. Auf den deutschen Autobahnen kann die rastlose Unruhe der Menschen buchstäblich auf die Straße gebracht und einmal ungebremst ausagiert werden. Bezeichnungen wie »V-power Racing« oder »Ultimate« mit denen die Mineralölkonzerne ihren Treibstoff auftunen, greifen diese Traumlogik auf. Einige Fahrer sind sogar bereit, für diese dynamisierenden Spritspezialitäten mehr als zehn Cent pro Liter zuzuzahlen. Denn Sprit ist psychologisch betrachtet mehr als ein chemisches Produkt. Er ist eine Art Lebenselexier, das nicht nur das Auto antreibt, sondern auch den Fahrer mobilisiert: Wer den Tiger in den Tank packt, tankt gleichzeitig die Sprungkraft und Antrittsschnelligkeit, um im täglichen Konkurrenzkampf die Kollegen hinter sich zu lassen.

All diese Verheißungen auf autonome Egomaximierung konterkariert nicht nur der Name E 10, sondern auch das Bio-Image, das an dem Treibstoff klebt. Denn Bio steht für ungespritztes Obst und Gemüse. Das wirkt eher tranig oder faulig als spritzig. Die Spritztour mit E 10 ist nur schwer vorstellbar. Zudem steht Bio immer noch für bewusste Askese und natürliche Entschleunigung. Biosprit gerät dadurch in eine behäbig-gutmütige Diesellogik, die von der Benzinfraktion gemieden wird. Gebremst wird die Fahrfreude mit E 10 zusätzlich durch das schlechte Gewissen, dass man durch seinen Benzinhunger möglicherweise sogar den Hunger in der sogenannten Dritten Welt vergrößert.

Eine Wende im Verhalten lässt sich nicht durch rationale Appelle erzielen, sondern indem man den Traum vom Autofahren modifiziert. Ein Biosprit hat nur eine Chance, wenn er einen eigenen – souveränen und entspannten – Fahrstil kreiert. Ein Fahrstil, der nicht auf egomanische V-Power setzt, sondern auf eine Beimischung von Gelassenheit, die dafür sorgt, dass man unterwegs mit sich und der Welt im natürlichen Einklang bleibt.

Stuttgart 21 – das Unterirdische als kollektive Erniedrigung

Auch Stuttgart 21 ist ein Lehrstück darüber, dass es bei politischen Projekten nicht ausreicht, alle Planfeststellungsverfahren ordnungsgemäß zu absolvieren und allein rational an die wirtschaftliche Vernunft der Menschen zu appellieren. Die Träume und Ängste der Menschen sollten mitbewegt werden. In Wien wird ein ähnlich gigantisches Bahnhofsprojekt realisiert wie in Stuttgart. Allerdings regt sich dort kein nennenswerter Widerstand. Mit von Stolz geschwellter Brust erzählen die Wiener von ihrem Zukunftsprojekt. In Stuttgart hingegen erleben viele Bürger den neuen Bahnhof als kommunalen Abstieg, als Milliardengrab und als Verlust des blühenden Lebens. Die traditionsseligen Wiener sind gewiss nicht zukunftsfreudiger als die Schwaben. Aber in der österreichischen Hauptstadt ist durch eine ebenso engagierte wie langfristige Kommunikationsstrategie ein anschauliches Bild entstanden vom neuen Durchgangsbahnhof. Ein traumhaftes Bild, das den Menschen vertraut geworden ist und auf das sie hinfiebern.

In Stuttgart hingegen sahen sich die Menschen mit ihren Ängsten und Träumen gänzlich ignoriert. Die Strategie des ordnungsgemäßen Durchlavierens, wie sie Bahn und Politik betrieben, mündete in einem Vorstellungsvakuum. Gefüllt wurde dieses Vakuum durch die Sinnbildlichkeit des Projektes, die albtraumhafte Züge birgt: Das »Unterirdische« mit all seinen psychologischen Tiefendimensionen rückte in den Blick und bestimmte insgeheim die Regie des Diskurses.

Das Unterirdische ist heute für viele Menschen nicht nur in Stuttgart ein Gleichnis für all das Dunkle, Unfassbare, Abstrakte und dadurch Undurchschaubare, das heute die wirtschaftliche und politische Realität bestimmt. In Abgründen und schwarzen Löchern droht der westliche Wohlstand seit der Krise zu versinken. Die Verlagerung des öffentlichen Raumes ins Unterirdische besitzt daher gesellschaftliche Sprengkraft. Denn sie bedeutet »weg vom Licht, rein in die Dunkelheit«. So bildet Stuttgart 21 den Brennspiegel für viele gesellschaftliche Abstiegsängste in einer drohenden Zweiklassengesellschaft: »Ihr da oben – wir da unten.« Das kollektive »Wir«, die Bürger, soll jetzt auch noch die letzten Oben-Plätze verlieren und in den Untergrund abgeschoben werden. Den Bonzen und Politikern gehören dann die lichtvollen öffentlichen Plätze. In der deutschlandweiten Wut über das Neubauprojekt manifestierte sich das buchstäbliche Gefühl einer kollektiven Erniedrigung. Und es entbrannte ein langer und zäher Kampf um Mittelerde, in dem die aufrechten Lichtgestalten gegen die finsteren Buh- und Bahnmänner zu Felde zogen.

Für das umgekehrte Gefühl einer kollektiven Erhöhung sorgten im Sommer 2010 die Geschehnisse um Chile 33. In einer Gold- und Kupfermine im Norden des Landes waren 33 Bergleute verschüttet worden. In 700 Meter Tiefe mussten die Kumpel aushalten, bis ihre spektakuläre Rettung aus dem Unterirdischen, allerdings erst nach 69 Tagen, doch noch gelang. Chile 33 ist ein Sinnbild geworden für die Verlagerung von unten nach oben. Die lebendig begrabenen Kumpel wurden durch die Liebe und Tatkraft der Gemeinschaft aus der Kälte, Finsternis und Verlorenheit wieder ans Licht geholt. Die weltweite Aufmerksamkeit, Anteilnahme und religiös anmutende Rührung verdankte sich natürlich auch der gekonnten medialen Inszenierung. Die wundersame Rettung wurde als ein religiöser Erlösungs- und Auferstehungstraum dramatisiert, der nicht nur den Chilenen den Glauben an ihre Gesellschaft und das Überirdische wieder zurückgab.

Von solch einer bejahenden Kraft war die nüchterne Kommunikation um Stuttgart 21 Lichtjahre entfernt. Selbst einem vertrauenswürdigen Vermittler wie Heiner Geißler gelang es nicht völlig, die fatale Bildlogik des Unterirdischen aufzulösen und alle Parteiungen mit ihrem neuen Bahnhof zu versöhnen. Die Wirkmacht verdrängter Schreckensbilder kann nicht allein durch rationale Argumente entkräftet werden. Der Tag, der nur vernünftig, schnell und effizient seine Ziele durchbringen will und dabei den Bezug zu seinen Träumen verliert, produziert nur rastlosen Stillstand und Erschöpfung.

TEIL II

Deutschland, deine Träume

Im ersten Teil dieses Buches habe ich dargelegt, dass die deutsche Seele über die Gabe verfügt, ihre große Unruhe über das Träumen schöpferisch zu verwandeln. Das Träumen ist eine Voraussetzung für das Umdenken und Umgestalten der Wirklichkeit. Erfindungen, technische Innovationen, künstlerisches Schaffen, naturwissenschaftliche Entdeckungen oder philosophische Weltdeutungen sind nur möglich, wenn man sich aus der rationalen Tagesordnung löst und die Welt traumanalog mit anderen Augen sieht.

Allerdings ist das Träumen in Deutschland in Misskredit geraten. Es gilt als ineffiziente Zeitverschwendung und zudem höchst anstrengend, nicht zuletzt, weil es immer wieder neu den Status quo infrage stellt. Zudem wird das Träumen auch aufgrund der deutschen Geschichte diskreditiert, da es zu Unrecht mit absoluten Wunschträumen von Allmacht und Weltbeherrschung gleichgesetzt wird, die doch durch ihren Ewigkeitsanspruch den reversiblen Charakter des Träumens pervertieren.

Durch die deutsche Traumfeindlichkeit ist die produktive Rhythmik von Tag und Traum, von Innehalten und Betriebsamkeit gestört. Zu einseitig folgt das Land globalen Effizienzdiktaten und rennt sich mit blindem Leistungsdruck in der Überbetriebsamkeit fest. Der Preis der traumlosen Gesellschaft ist ihre zunehmende Erschöpfung und der Durchbruch scheinbar irrationaler Verhaltensweisen.

Im zweiten Teil werde ich die Träume und die Traumbedingungen vor allem der gesellschaftlichen Gruppierungen betrachten, die (zumindest teilweise) noch nicht oder nicht mehr im Hamsterrad des täglichen Effizienzdiktats gefangen sind. Wie sehen die Träume und die Freiheitsgrade zu träumen bei den Senioren aus, die aus dem Arbeitsleben ausgeschieden sind, und bei den Jugendlichen, die doch eigentlich noch den Spielraum haben, die Zukunft umzuträumen? Was sind die Träume und die gesellschaftliche Funktion der Mitglieder der Piratenpartei, die ja noch nicht zum politischen Establishment gehört? Aber auch jenseits dieser Gruppierungen eröffnen sich jedem Einzelnen über die virtuelle Traumfabrik Internet nie dagewesene Freiheitsgrade. Doch fördert diese Traumfabrik auch das Träumen? Beziehungsweise: Welche Träume produziert das Internet?

Bevor ich in die Träume der einzelnen Gruppierungen einsteige, werde ich den übergreifenden Traum beschreiben, der seit den neunziger Jahren die gesamte Gesellschaft ebenso bewegt wie erschöpft hat – den Paradiestraum vom digitalen Lebensideal.

KAPITEL 6

Der Paradiestraum vom digitalen Lebensideal

Auch in einer aufgeklärten Gesellschaft entwickeln sich Wunschträume von einem paradiesischen Leben. Sie verheißen auf den ersten Blick eine Befreiung von vielen irdischen Fesseln und eine grandiose Steigerung der eigenen Lebensmöglichkeiten. Ein solcher Paradiestraum entstand in Deutschland und der westlichen Welt in den neunziger Jahren. Sein psychologischer Nährboden war eine gesättigte Wohlstandsgesellschaft, die in dieser Zeit mit Wohlbehagen auf ihre wirtschaftlichen Erfolge, ihre errungenen Freiheitsgrade und die gerade vollzogene Wiedervereinigung blickte. Der Kalte Krieg, die Teilung Deutschlands und der Welt schienen endlich überwunden. Eine umfassende Liberalisierung bestimmte das gesellschaftliche Leben: Die traditionellen Geschlechterrollen, die festen spießbürgerlichen Werte, die politischen Blöcke und Parteiungen schienen sich langsam aufzulösen zugunsten einer weitgehenden gesellschaftlichen Emanzipierung und Liberalisierung. Der Slogan »Nichts ist unmöglich« verdichtete die Hybris des Zeitgeistes. Und tatsächlich eröffnete sich – auch dank der neuen digitalen Technologien und Medien – eine Welt der uneingeschränkten Lebens- und Kommunikationsmöglichkeiten.

In dieser Welt wuchs der fantastische Wunsch, sich bald von allen Festlegungen entkoppeln zu können. Man träumte von einem glücksmaximierten Vollkaskoleben, das von all dem entbindet, das die eigenen Selbstverwirklichungssehnsüchte einschränken könnte. Die Not des alltäglichen Lebens, das dem Menschen Mühsal und Qual abverlangt, die Begrenztheit der finanziellen Möglichkeiten, die Enge der persönlichen Schicksalskreise: All das würde der Vergangenheit angehören. Die Zukunft sollte geradewegs zu einem paradiesischen Zustand des *forever young and forever happy* führen.

Wie sehr sich der Anspruch an das eigene Leben damals überspannt hat, habe ich in meinem Buch *Deutschland auf der Couch* anhand des Übergangs von einem analogen Lebensprinzip zu einem digitalen Lebensideal aufgezeigt. Früher herrschte die Vorstellung, dass das Leben wie eine Analog-Schallplatte abläuft – heute soll es wie eine CD funktionieren: Das Leben als Schallplatte bedeutet, dass die eigene Platten- beziehungsweise Lebensnadel nach anfänglichen Probeläufen in einer festen Schicksalsrille sitzt. Man folgt unweigerlich den abenteuerlichen Drehungen und Wendungen des Lebens. Dabei reibt man sich buchstäblich auf und nutzt sich ab. Es ist gar nicht zu verhindern, dass auf der unermüdlichen Lebensreise Risse und Knackser entstehen. Man weiß auch, dass irgendwann einmal die Platte zu Ende gespielt sein wird und die Musik des Lebens verstummt. Aber das Tolle an dem analogen Prinzip ist, dass man unmittelbar im Leben drinsteckt. Man ist weder distanziert noch unberührt, sondern bringt durch seine Hingabe und Reibung die Musik des Lebens zum Schwingen und Klingen.

Das digitale Lebensideal fragt und fordert hingegen. Können wir nicht leben wie eine CD?! In ewigem Glanz?! Ein Leben ohne Abnutzung, Alter, Krankheit und Tod?! Ein Leben, in dem wir auf Knopfdruck von Höhepunkt zu Höhepunkt springen können? Was uns nicht passt, was mühsam oder langweilig ist, wird einfach übersprungen. Im digitalen Lebensideal herrscht auch eine paradiesische Beliebigkeit und Konsequenzlosigkeit. Nichts soll für immer gegeben und nichts soll unumstößlich sein. Entwicklungs- oder Reifungsprozesse erscheinen antiquiert und unnötig, denn sie bergen Verzicht, persönliche Ausrichtung oder Festlegung, Mühsal, Risiken und die Gefahr des Scheiterns.

Ersetzt werden diese analogen Prozesse durch einen virtuellen Schöpfungswahn – die Vorstellung, dass wir über uns selbst, das Leben und vielleicht auch die Welt frei verfügen können. Behagt einem die eigene Physis nicht, mag man etwa sein Doppelkinn nicht oder findet seinen Bauch zu schwabbelig – kein Problem, das lässt sich heute korrigieren. Via Schönheitsoperation kann sich der Mensch nach seinem Wunschbild modellieren und korrigieren. Und via Gen-Scan können die Menschen vielleicht in Zukunft dafür sorgen, dass ihre Kinder wunderbare Geschöpfe werden, die den ausgetüftelten ästhetischen Präferenzen ihrer »Schöpfer« vollauf gerecht zu werden versprechen.

Mit dem digitalen Lebensideal ist aber auch die Vorstellung verbunden, die Launen unserer Seele jederzeit bändigen zu können. Wäre es nicht fantastisch, wenn wir nicht mehr abhängig wären von unseren Stimmungen oder Ängsten? Sobald wir einen Durchhänger oder schlechte Laune haben oder den Anflug einer depressiven Verstimmung spüren, steht eine große Bandbreite von Psychopillen hilfreich bereit, uns genau in die Verfassung zu bringen, die uns gerade behagt. Oder wir zappen so lange durch die Unterhaltungsangebote des Fernsehens oder surfen in den Weiten des Netzes, bis wir in dem Format gelandet sind, das den gewünschten Stimmungswandel bewirkt.

Der Anspruch auf absolutes Glück

Im Mittelalter galt die *Superbia* – der Hochmut – als eine der sieben Todsünden. Denn mit dem Hochmut war der Wunsch

verbunden, wie Gott sein zu wollen. Die Hoffnung, ein konse-
quenzloses Leben führen zu können, das man nach eigenem
Gusto vollkommen frei gestalten kann, charakterisiert eine moderne Spielart des Hochmuts. Das digitale Lebensideal hat im
ausgehenden 20. Jahrhundert in der westlichen Welt den Stellenwert einer unbewussten Ersatzreligion angenommen. Viele von
uns ersehnen eine paradiesische Vorstellung von einem Leben,
in dem man nicht mehr den höheren Mächten des Schicksals un-
terworfen ist: der Endlichkeit oder Krankheit, der Entwicklungs-
notwendigkeit und dem täglichen Mühsal.

Das ist zutiefst menschlich, und so verwundert es nicht, dass
wir in allen Epochen auf Paradiesträume stoßen. Allerdings
waren diese Träume in der Vergangenheit immer an ein fernes
Jenseits geknüpft. Der normale Lebensalltag, das »irdische Jam-
mertal«, galt in den Religionen und den Wunschprojektionen der
Menschen als eine notwendige Vorstufe eines himmlischen und
gesteigerten Lebens. Mit dem digitalen Lebensideal hingegen ist
der Paradiestraum zum ersten Mal in der Geschichte zu einem
Diesseitsanspruch geworden. Die Menschen haben das Gefühl,
sie müssten hier und heute dieses wunderbare glücksmaximierte,
dauererregte und konsequenzlose Leben führen.

Und sie kreiden es ihrem eigenen Alltag an, wenn sie spüren, dass sich dieser Anspruch nicht einlöst. Denn auch heute
ist der Alltag immer noch mühsam und zutiefst aufreibend. Wir
stagnieren beim beruflichen Weiterkommen, arbeiten uns an
unbefriedigenden Themen und Projekten ab, verzehren uns im
Dauerstreit mit unserem Partner. Wir erleben konsterniert, dass
die Kinder ihren eigenen Vorstellungen folgen, die überhaupt
nicht unserem Schöpferimpetus entsprechen. Wir werden beun-
ruhigt vom unaufhaltsam sich ankündigenden körperlichen und
geistigen Verfall. Und wir werden hin- und hergeworfen von der
Wucht unserer inneren Widersprüche.

Aber all diese Erscheinungen, auf denen sich seit Ewigkeiten unser Leben abspielt, werden heute nicht mehr als gottgegeben oder natürlich hingenommen. Vielmehr haben viele ständig das Gefühl, dass ihnen etwas vorenthalten wird oder dass ihnen die Verhältnisse übel mitspielen. Oder sie sind mit sich selbst unzufrieden, weil ihnen ein glücklicheres Leben einfach nicht gelingen will. Das hat zur Folge, dass sich das Prestige des normalen Alltags in den letzten 25 Jahren kontinuierlich verschlechtert hat. Gemessen am digitalen Lebensideal erscheint der Alltag als eine drastische und beständige Zumutung. Die von den Demoskopen konstatierte wachsende Politikverdrossenheit ist nur eine Variante der zunehmenden Alltagsverdrossenheit. Die Politik ist seit mehr als 20 Jahren mit der unlösbaren Aufgabe konfrontiert, wenigstens einen Abglanz des Paradieses in der nächsten Legislaturperiode herzustellen.

Tatsächlich belastet aber auch ein überspanntes Ideal den Alltag nachdrücklich und kann ihn dadurch auch spürbar verschlechtern. Man kann durchaus von einer paradoxen Ironie des digitalen Lebensideals sprechen: Denn in dem Maße, wie die Menschen das Paradies bereits auf Erden anstreben, verwandeln sie den Lebensalltag in eine Art Vorhölle: Die Paradiessehnsucht ist ein Wegbereiter für viele Ansprüche, Perfektionszwänge und Überforderungen des heutigen Glücksabsolutismus, der die Gesellschaft in die Erschöpfung treibt.

Coole Gleichgültigkeit

Ein Leben, in dem alles möglich und machbar erscheint, setzt einen seelischen Zustand voraus, in dem weder Einschränkungen noch zwingende Gültigkeiten oder Notwendigkeiten existieren. Diesen Zustand habe ich in *Deutschland auf der Couch* als

»coole Gleichgültigkeit« charakterisiert. Cool sein verspricht, in jeder Lebenslage eine abgeklärte und souveräne Haltung wahren zu können. Wer cool ist, bleibt unberührt und ungerührt. Angriffe, Zweifel, schmerzliche Begegnungen gehen einem nicht wirklich nahe, denn die coole Gleichgültigkeit fungiert wie ein seelischer Schutzpanzer. Sie verspricht eine Immunisierung gegen hitzige Leidenschaften, gegen Fanatismus und gegen die Schmerzlichkeit des Lebens.

Denn der coole Mensch versucht seine Leidenschaften, seine Interessen herunterzukühlen. Wen nichts wirklich bewegt, wer nicht mit feurigem Eifer und heißer Inbrunst einer Idee oder einer Mission folgt, kann auch nicht enttäuscht werden – so zumindest die Hoffnung. Der Vorteil der Coolness: Man ist abgeklärter, flexibler und toleranter. Man ist nicht mehr auf eine Idee oder eine Ideologie festgelegt, man befreit sich von den Fesseln der Werte und Dogmen. Aber das Leben verliert auch an Sinnlichkeit und Unmittelbarkeit, wenn man stets eine überlegene Distanz wahrt.

Die coole Gleichgültigkeit ist eine extreme emotionale Gegenreaktion gegen die rastlosen und zweiflerischen Unruhezustände der deutschen Seele. Sie stellt sozusagen den ultimativen Versuch dar, seelische Erregungen zu abstrahieren. Die Faszination, die die coole Gleichgültigkeit vor allem auf die Jugend der neunziger Jahre ausgeübt hat, gründete sich in deren Sehnsucht, schuldlos und vor allem schmerzlos erwachsen zu werden. Die jungen Menschen stellten sich wie jede neue Generation die Frage: Wo bin ich verwundbar? Wo droht mir die Gefahr, dass mein Leben unbehaglich und enttäuschend wird? Und sie kamen im Rückblick auf die deutsche Geschichte zu dem Schluss, dass diese Gefahr immer dann droht, wenn man mit Leidenschaft an einer Idee oder Ideologie festhält: Der Großvater hat an Adolf Hitler und das »Tausendjährige Reich« geglaubt – er stand 1945 vor den Trümmern seines Weltbildes. Der Onkel im

Osten hat an den Sozialismus geglaubt – und spätestens 1989 hat auch er den Zusammenbruch seines Wunschtraumes erlebt. Und der eigene Vater hat an die APO-Ideale geglaubt – und stand ebenso zerknirscht da.

Die logische Schlussfolgerung der Jugendlichen lautete: Man kommt besser durchs Leben, wenn man es von einer coolen und gleichgültigen Warte aus führt und sich von allen Ideologien abwendet. Sie entwickelten daher eine Art Relativitätstheorie der Wirklichkeit: Es gibt keine letzten Wahrheiten – weder in der Religion noch in der Politik. Die Welt zerfällt in ein riesiges Patchworkgebilde von partiellen, aber gleichermaßen gültigen Wahrheiten, Ideologien oder Glaubensrichtungen. Da nichts in dieser Wirklichkeit den Anspruch auf Normgebung reklamieren kann, da alles berechtigt und damit gleich gültig ist, kann ich genauso gut gleichgültig sein. Wieso sich also wie die Eltern für eine Idee aufreiben? Wieso ein Leben lang mit großem Einsatz für eine Überzeugung kämpfen? Damit mache ich mich nur angreifbar und verletzbar. Und ich begrenze den ungeheuren Spielraum der eigenen Lebensoptionen.

Die Jugendlichen stiegen also Anfang der neunziger Jahre aus dem gesellschaftlichen Infight aus. Sie stritten nicht mehr mit ihren Eltern, den Lehrern oder Politikern um den einzig richtigen Weg zur Wahrheit. Sie setzten sich lieber mit dem Vater oder dem Hotel Mama ins friedliche Einvernehmen. Und sie nahmen eine übergeordnete Beobachterposition ein und amüsierten sich von ihrer coolen Warte aus köstlich über die stets betroffenen und politisch aufgeregten Eltern. Während diese sich ständig über das Waldsterben, das Wettrüsten oder die Klimakatastrophe sorgten, bezogen die Jugendlichen eine ästhetische Weltsicht – das Leben als Fernsehspiel: Ich kann mir alles getrost und ruhig ansehen. Da ich vor nichts die Augen verschließe, ist mein Beobachtungsrahmen immens groß. Und wenn mir dann das Programm doch nicht behagen sollte, zappe ich einfach weg und gucke mir etwas anderes an.

Die Mütter und der Preis des Paradieses

Die coole Gleichgültigkeit sollte die Voraussetzung für ein offenes, tolerantes, ungezwungenes und spaßbewegtes Leben sein. Ihre Kehrseite ist der schleichende Verlust des eigenen Gespürs für persönliche Anliegen und Bedeutsamkeiten. Man droht genauso gleichgültig zu werden gegenüber den eigenen Leidenschaften, Interessen, Wünschen oder Ängsten. Unbedingte Coolness fördert eben auch Taubheitsgefühle gegenüber den eigenen Befindlichkeiten und Sehnsüchten. Sie egalisiert den Einfluss des nächtlichen Träumens. Denn das Träumen ist ja der Versuch – wie ich bereits beschrieben habe –, den unbewussten Wünschen, Bedeutsamkeiten oder Ängsten wieder bildhaft Ausdruck zu verleihen, die in der besinnungslosen Betriebsamkeit des Tages unbeachtet blieben. Wenn es den Menschen aber selbst in den nächtlichen Regenerationsphasen nicht mehr gelingt, ihre persönlichen Angelegenheiten zu ordnen, zu gewichten und zu hierarchisieren, dann sind sie Tag für Tag aufs Neue Opfer eines Lebens, in dem alles gleichermaßen gültig und gleichermaßen wichtig erscheint.

Gleichgültigkeit und digitales Lebensideal haben in den letzten 20 Jahren dazu geführt, dass das Leben zwar viel freier und multioptionaler geworden ist, aber auch aufreibender und orientierungsloser. Beispielhaft habe ich das schon in *Deutschland auf der Couch* an unseren Untersuchungen mit Müttern dargestellt: Die meisten Mütter in Deutschland sind heute natürlich froh, dass das Mutterbild in Deutschland viel offener und flexibler geworden ist und das Muttersein nicht mehr auf Kinder, Küche und Kirche fixiert bleibt. Die entstandenen Freiräume führten aber dazu, dass beinahe alle Mütter unter einen zunehmenden gesellschaftlichen Druck gerieten. Denn die alten Mutterideale wurden nicht revidiert, sie blieben einfach bestehen – und neue Ideale kamen hinzu. Man hat daher auch heute als Mutter das Gefühl, ganz unterschiedlichen, aber dennoch gleichermaßen gültigen Ansprüchen möglichst perfekt genügen zu müssen: Die Mutter soll vor allem in Deutschland immer noch mit ganzem Herzen und am besten von morgens bis abends ihre Kinder umsorgen. Und diese Haltung soll ja in Zukunft auch noch staatlich prämiert werden.

Aber gleichzeitig besteht an die heutigen Mütter auch der Anspruch, Karriere zu machen und viel Zeit in die beruflichen Herausforderungen zu investieren. Dabei ist man ständig im Spagat, weder zur Rabenmutter noch zur Glucke zu werden. Die Frau und Mutter soll aber auch *forever young* und bis ins hohe Alter eine attraktive Partnerin sein, die durch ihre nicht verlöschenden erotischen Reize den Partner bindet. Damit wären schon drei Ansprüche genannt: Mutter, Karrierefrau und Geliebte. Aber die Mutter hat auch eine wunderbare Freundin zu sein. Für den Freundeskreis soll sie Tag und Nacht erreichbar und notfalls sogar zum Pferdediebstahl bereit sein. Und schließlich soll sie sich auch selbst verwirklichen und ihre Hobbys oder Interessen pflegen.

Das sind letztlich zu viele Ansprüche für einen ganz normalen Alltag im Leben einer Mutter. Der Preis: Viele Mütter gehen mit einem latent schlechten Gewissen zu Bett, ganz gleich, wie der Tag gelaufen ist. Ihnen fällt ein: Ja ich habe mit den Kindern zu wenig gespielt. Und im Büro ist noch so viel liegen geblieben. Mist, jetzt habe ich doch glatt vergessen, die Freundin zurückzurufen, und zum Joggen bin ich heute auch mal wieder nicht gekommen ... Das schlechte Gewissen ist zu einem Grundtremolo des digitalen Lebens geworden, leise zwar, aber ständig vorhanden.

Eine neue Studie mit jungen Frauen und Müttern[38] zeigt, dass sich der multiple Perfektionsdruck der Mütter heute sogar noch zusätzlich erhöht hat durch ein weiteres Ideal: das der Gelassenheit. Mehr als drei Viertel der für die Untersuchung befragten Frauen tragen Gelassenheit als großes Ziel beim Thema Kinderkriegen und Kinderhaben vor sich her. Egal wie anstrengend und aufreibend der Alltag auch abläuft, die Mutter soll immer einen möglichst entspannten Eindruck vermitteln. Die Kinder sollen wie im Nebenher versorgt und gestillt werden und sich durch eine möglichst gelassene Erziehung wie von selbst entwickeln. Die zahlreichen Fördermaßnahmen, die die Mütter den Kindern dennoch angedeihen lassen, sollen locker in den Alltag integriert werden, obwohl dieser mit seinen vielen Terminen ohnehin schon oft genug zu einer logistischen Zerreißprobe wird.

Die Medien verstärken den Gelassenheitsanspruch, indem sie die neuen Latte-macchiato-Mütter präsentieren, die relaxt mit ihren Kindern und gleichgesinnten Müttern ihre Freizeit im Café verbringen. Diese Mütter sollen stets »funktionieren« und sich ihre innere Zerrissenheit nicht anmerken lassen. Denn eine ausgeglichene Erscheinung stablisiere die Beziehung zum Mann, und für deren Gelingen gilt ein entspannter Umgang mit den Kindern, und zwar in jeder Lebenslage, als eine wichtige Voraussetzung.

Die von der Gesellschaft geforderte und zum Teil von den Müttern selbst demonstrierte Gelassenheit ist eine charmante Metamorphose der coolen Gleichgültigkeit. Sie verdeckt letztlich jedoch die zahlreichen Ängste und Verwundbarkeiten, die heute mit dem Kinderkriegen und Muttersein verbunden werden. Viele Frauen haben Angst, als Mutter zu versagen. Sie fürchten, den Partner zu verlieren und als Alleinerziehende klarkommen zu müssen. Sie sorgen sich, im Beruf den Anschluss zu verlieren, sich nicht wirklich weiterentwickeln zu können und so von den Kollegen oder auch von der Gesellschaft nicht anerkannt zu werden. Und schließlich tragen sie Absturzängste mit sich herum und fürchten, als Mütter ihre materielle Sicherheit zu gefährden.

Diese Ängste tauchen zwar in den nächtlichen Träumen der Mütter auf. Sie werden aber am Tage oft nicht weiterbehandelt und offen zur Sprache gebracht – weder gegenüber den Männern noch gegenüber der Politik. Das gesellschaftliche Diktum der perfekten Frau, die alle Anforderungen spielend erfüllt, überdeckt die Zweifel und Sehnsüchte, die die Mütter in den nächtlichen Stunden allein hegen.

Der Kühlschrank als Optionshölle

Die Freiheit der Wahl, aber auch die Überforderung durch die Vielzahl gleich gültiger Wahlmöglichkeiten zeigen sich auch beim ganz normalen Einkauf von Lebensmitteln. Das Einkaufen gehorcht heute nicht allein der Anschaffung des unbedingt Lebensnotwendigen: Man rüstet sich im Laden vielmehr für alle erdenklichen Optionen und Situationen. Die gute Mutter kauft natürlich Milch, Butter, Obst und Gemüse aus der Region ein, denn die lieben Kleinen sollen schließlich gut versorgt werden. Aber sie will ja auch etwas für die eigene Figur tun und greift am Kühlregal zu dem probiotischen Joghurt, der die Verdauung fördern soll. Dann sieht sie im Gang die Flasche Prosecco im Sonderangebot. Da sie ja sowieso die Freundin mal wieder zu einem Gläschen nach Hause einladen will, greift sie beherzt zu. Der Powerriegel mit der Extraportion Energie verspricht, sie zu mobilisieren, falls sie wieder einmal Überstunden im Büro absolvieren muss. Irgendwann fragt sie sich dann im Laden, wo bleibe ich denn mit meinen Wünschen und Sehnsüchten? Und dann gönnt sie sich eine kleine Tafel Schokolade, um auch einmal auszuspannen und nur an sich zu denken.

All diese Optionen landen zu Hause im Kühlschrank und bleiben dort die nächsten Tage oder Wochen frisch. Der Kühlschrank dient daher auch der Stimmungsprophylaxe. Jetzt ist die Frau und Mutter auf jede erdenkliche Stimmungslage vorbereitet. Und jedes Mal, wenn sie den Kühlschrank öffnet, blickt sie auch auf die Fülle der bislang noch nicht umgesetzten Optionen. Der Prosecco erinnert daran, dass sie ja eigentlich die Freundin einladen wollte. Der Powerriegel gemahnt an die alsbald wieder anstehenden Überstunden. Der Joghurt fordert sie auf, endlich mal wieder etwas für die schlanke Linie zu tun. Mitunter entwickelt sich eine Hassliebe zu diesen Produkten, denn die Optionen avancieren zu Handlungsaufforderungen, die einen in Gestalt von Joghurtbechern und Sektflaschen vorwurfsvoll aus dem Kühlschrank heraus anschauen und ihre stillen Sinnesappelle aussenden.

Dann erscheint manchmal das Wegwerfen als eine weitere Option: ein verzweifelter Versuch, sich von diesem ganzen Anforderungsballast radikal zu befreien. Aber als gute Mutter und Familienmanagerin wirft man ja keine Lebensmittel weg. Und dann hat sie auch die eigene Mutter zum Vorbild, die sich immer schwer damit getan hat, Lebensmittel in den Müll zu schmeißen. Den Ausweg aus diesem Dilemma bietet das Mindesthaltbarkeitsdatum – eine Art Lizenz zum Entsorgen. Es erteilt die Absolution, wenn die Mutter schließlich im Dienste der Gesundheit doch den Kühlschrank ausmistet und sich damit zumindest teilweise aus der Optionsfalle befreit. Aber an das Haltbarkeitsdatum und die Gesundheit wird auch die Frage delegiert, was für einen selbst als Mutter gerade wichtig ist. Wie will ich meinen Alltag gestalten? Und von welchen Ansprüchen will ich mich jetzt befreien? Diese Fragen, die ja meist die nächtlichen Träume behandeln, werden am Tage nicht weiter verfolgt. So bleibt man in Bezug auf seine Wünsche in einer Alles-oder-nichts-Logik und gerät in einen Teufelskreis von wahllosem Kaufen und radikalem Wegwerfen. Denn auch der leere Kühlschrank weckt sogleich wieder die Sorge, nicht für alle Eventualitäten und Gültigkeiten gerüstet zu sein. Und mit dem nächsten Einkauf startet der Produkt- und Multioptionskreislauf erneut. Bestehen bleiben das latent schlechte Gewissen über die eigene Verschwendung und das Gefühl, den vielfältigen Anforderungen an die Mütter nie vollkommen gerecht werden zu können. Der Wunschtraum eines paradiesisch coolen Lebens produziert keine Erlösung, sondern die tägliche Tyrannei gleich gültiger Ansprüche.

KAPITEL 7

Senioren heute

Der Traum vom ewigen Aufbruch

Die 68er werden 68

Wenn man heute eine psychologische Studie zum Thema »Lebensgefühl« der Senioren durchführt, dann begegnet einem ein erstaunliches Phänomen. Normalerweise ist es überhaupt keine Schwierigkeit, ältere Mitbürger zwischen 60 und 75 Jahren zu einem Forschungsprojekt einzuladen, beispielsweise über die Bedeutung von Wochenzeitungen oder über ihren Umgang mit dem Internet. Da die von einem Psychologen geführten morphologischen Tiefeninterviews normalerweise zwei Stunden dauern, erfolgt meist zwei Wochen vorher eine Terminabsprache mit dem Befragten. Meist finden Menschen aller Altersgruppen im Laufe von zwei Wochen auch ein Zeitfenster. Allerdings nicht, wenn am Telefon explizit als Forschungsthema die Lebenswelt und das Lebensgefühl von Senioren genannt wird. Dann tritt zunächst ein kurzer Moment der Stille ein. Danach bekundet der Angefragte, dass er selbstverständlich gern bereit wäre, sich diesem Thema zu stellen. Aber mit Blick auf seinen Terminkalender sei er frühestens in drei Wochen in der Lage, ins Institut zu kommen oder den Psychologen zu Hause zu empfangen. Meist wird noch in einem kurzen Abriss referiert, welche wichtigen und drängenden anderen Termine jetzt erst einmal anstünden.

Ich hatte bereits erwähnt, dass die tiefenpsychologische Forschung ihre Erkenntnisse auch aus den dynamischen Nebenphänomenen und Begleitumständen einer Studie schöpft. Bei der Seniorenstudie wurde daher schon vor dem ersten Tiefeninterview deutlich, dass ältere Menschen unter dem Druck stehen, demonstrieren zu müssen, wie gefragt und eingespannt sie trotz ihres Ruhestands doch sind. Auf keinen Fall wollen sie den Verdacht aufkommen lassen, »zum alten Eisen« zu gehören oder nicht mehr gebraucht zu werden.

Auch in den konkreten Gesprächen zeigte sich sogleich, wie stark heute auch der Alltag vieler älterer Menschen von einer rastlosen Betriebsamkeit geprägt ist – von einer Flut von Terminen, Verabredungen und Aktivitäten. Im Originalton klingt das beispielsweise so. »Wenn ich morgens erst um neun Uhr aufstehe, dann habe ich ein schlechtes Gewissen: Du faulenzt! Ich habe einfach nicht genug Zeit. Dabei möchte ich unbedingt noch so viel wie möglich erleben.« Viele »Senioren« unterliegen einem selbst auferlegten Vitalitätsdiktat nach dem Motto: »Wer rastet, der stirbt.« Immer wieder betonen sie: »Ich brauche eine Herausforderung, ich kann nicht ohne etwas sein. Wenn der Motor leerläuft, fehlt die Zugkraft und er stirbt ab.« »Ich werde mit 70 noch arbeiten, Ruhestand kann ich mir nicht vorstellen. Das ist der erste Schritt zum Exitus.«

Neben der noch vorhandenen Rastlosigkeit wird auch in vielfacher Hinsicht die eigene Rüstigkeit demonstriert: Wer nicht nur über eine kleine Rente verfügt, betont sein vorhandenes finanzielles Polster. Eine Immobilie oder ein kleines Vermögen sollen die eigenen Bewegungskreise absichern. Medizinische Hilfsmittel wie Brillen, Hörgeräte, die dritten Zähne oder künstliche Hüftgelenke sollen körperliche Gebrechen kompensieren helfen. Vor allem ist es wichtig, bei technischen Innovationen mitzuhalten. Beinahe alle Senioren besitzen ein Handy. Die Mehrheit der 60- bis 70-Jährigen ist auch online unterwegs oder bekundet zumindest Interesse an Computern oder am Internet.

Der Vergleich mit einer ähnlich angelegten Seniorenstudie aus dem Jahre 1999 zeigte deutlich, wie sehr heute auch der sogenannte Ruhestand rastlos geworden ist. Und wie stark sich die Lebenshaltung der Senioren im neuen Jahrtausend verändert hat. Denn sie sind groß geworden mit den Träumen von Aufbruch, gesellschaftlicher Befreiung und ständiger Erneuerung. In ihrer Lebensmitte wurden sie geprägt von den *forever young*-Idealen, in dessen Folge alles Alte und Veraltete zum gesellschaftlichen Feindbild erklärt wurde. In den neunziger Jahren haben sie gesehen, wie das digitale Lebensideal ein ständig bewegtes Leben in ewigem Glanz propagierte. Und sie haben die veränderten Lebensverhältnisse und die medizinischen Fortschritte miterlebt, die den Wunsch – und auch den Zwang – befeuern, bis in hohe Alter aktiv und attraktiv sein zu können: »Meine Zeit war die von Flower Power und den Hippies. Also muss ich im Ruhestand auch ganz schön aktiv sein, denn unsere Generation ist allem gegenüber offen und nicht so konservativ.«

Kontrolle und Selbstbestimmung

Die neue Generation der Senioren will sich nicht still und leise dem Schicksal des Älterwerdens fügen. Sie will aktiv mitmischen und an den aktuellen Entwicklungen der Kultur teilhaben. Da sie in einer Zeit der Rebellion gegenüber alten und starren Verhältnissen groß geworden ist, zählen Emanzipation und Selbstbestimmung zu ihren Kernwerten. Sie will sich nichts vorschreiben lassen, weder von den Politikern, noch von den Ärzten oder den eigenen Kindern.

Vor allem bei den Frauen machen sich die Einflüsse der prägenden Jugendjahre deutlich bemerkbar: »Man konnte plötzlich selber entscheiden, ob man schwanger werden wollte oder nicht. Das war etwas ganz Großes.« »Ich habe dann gegen den Willen meines Vaters mit der Schule aufgehört und mir einen Beruf gesucht, weil ich unabhängig sein wollte. Dann habe ich meine Sachen gepackt und bin nach Köln gezogen, um hier das machen zu können, was mir gefällt. Ich durfte zu Hause ja noch nicht mal Elvis Presley hören. Das war ›Negermusik‹ und wurde nicht geduldet.«

Die klassische Großelternrolle wird häufig – sehr zum Bedauern der eigenen Kinder – abgewehrt oder nur sporadisch erfüllt: »Bei meiner Tochter Kinder hüten? Ich habe mein eigenes Leben und will nicht ständig springen müssen, wenn sie schreit. Ich musste das früher auch alleine hinkriegen.« Man nimmt sich nur ungern zurück und legt einen deutlichen Egoismus an den Tag – nach dem Motto: »Jetzt bin ich dran.« Die Selbstfürsorge – das intensive Kümmern um die eigenen Belange und Interessen, die hingebungsvolle Pflege der eigenen Gesundheit und Schönheit – erscheint dabei als bester Weg der Altersvorsorge.

Die Lust an der Selbstbestimmung nimmt bei den Senioren mitunter kämpferische Züge an. Sie wollen sich nicht einfach in den Ruhestand stecken lassen, sondern sie verteidigen zum Teil trotzig ihren Raum. Im Berufsleben gehen sie oft in Konkurrenz zur jüngeren Generation und überlassen ihr nicht einfach das eigene Terrain. Auch in der politischen Debatte beanspruchen vor allem diejenigen die ungebrochene Deutungshoheit, die tatsächlich in jungen Jahren politisch aktiv waren. Dabei verteidigen sie entweder unbeirrt die Richtigkeit ihres eigenen Weges oder sie bezichtigen sich mit übertriebenem Pathos als Hauptverursacher der heutigen Fehlentwicklungen. So beweisen sie zumindest auf inverse Art die Macht der persönlichen Selbstbestimmung.

Vor allem das Verhältnis der Senioren zu den Ärzten hat sich in den letzten zehn Jahren stark gewandelt. Meist genießen Ärzte mittlerweile nicht mehr die absolute Autorität und den Nimbus der Unfehlbarkeit. Viele Senioren gehen bei Beschwerden nicht sogleich zum Arzt, sondern informieren sich zunächst in Online-Gesundheitsforen. Im späteren Gespräch mit dem Arzt verblüffen sie dann oft durch ihr medizinisches Wissen, das sie sich angeeignet haben. Viele ziehen es vor, sich mittels in der Apotheke oder im Drogeriemarkt frei erhältlicher Präparate erst einmal selbst zu behandeln. Auch die alternativen Verfahren der Naturmedizin, der Homöopathie oder der traditionellen chinesischen Medizin finden wachsenden Zuspruch. Sie eröffnen den Patienten mehr Verständnis und Mitspracherecht als das Diktum der Schulmedizin. Zumal die oft sehr aufwendigen Behandlungsprozeduren dieser Richtungen dem Wunsch nach tagesfüllender Daueraktivität besser gerecht werden als bloß eine Tablette.

Auch Krankheiten oder dem Tod wollen die neuen Senioren nicht ohnmächtig ausgeliefert sein. Kein Wunder, dass die Themen Patientenverfügung und Sterbehilfe viele beschäftigen: »Ich möchte am Ende da nicht hilflos daliegen und leiden müssen.« Wenn man den Tod schon nicht verhindern kann, dann will man ihn wenigstens aktiv einleiten und selber den Zeitpunkt wählen können: »Ich habe mir eine Zyankalikapsel besorgt, ich möchte selbst bestimmen, wann und wie ich sterbe.«

Die Abkehr vom Ruhestand

Sicherlich gibt es auch heute noch Senioren, die den früheren Klischeebildern vom Ruhestand entsprechen und die die gewonnenen Freiräume nach der Rente mehr oder minder aussitzen. Sie richten sich in einem weitgehend ruhigen und streng ritualisierten Leben ein: Sie schlafen lange und frühstücken ausgiebig mit dem Partner oder allein. Der Tag wird durch kleinere Einkäufe, durch lange Spaziergänge oder durch die gemeinsame Zeit mit den Enkelkindern strukturiert. Abends schauen sie gern Fernsehen, lösen Kreuzworträtsel oder surfen im Internet. Ein- oder zweimal im Jahr gönnen sie sich eine Reise in ein meist schon oft besuchtes Urlaubsdomizil. Meist haben sie sich auch schon Gedanken darüber gemacht, wie das Leben aussehen könnte, wenn sie sich nicht mehr allein versorgen können.

Aber dieser Typus ist seltener geworden. Und viele ältere Menschen grenzen sich entschieden von diesem Klischeebild ab. Bereits die Bezeichnung »Senioren« gilt ihnen als Unwort. Alt sind immer die anderen, die 80-Jährigen oder die eigenen Eltern, wenn sie noch leben. Begriffe wie »alt« oder »Senior« werden als Sinnbilder erlebt für den Verlust körperlicher oder geistiger Beweglichkeit. Oder für eine drohende Fremdbestimmung: Ohnmächtig wäre man angewiesen auf die eigenen Kinder, fremde Pflegekräfte oder Betreuungseinrichtungen.

Immer wieder wird in den Interviews eine große Angst spürbar vor einem defizitären Lebensverlauf, an dessen Ende man nur noch passiv den eigenen Verfall ertragen kann. Mit dem Älterwerden, mit dem Nachlassen der eigenen Leistungskräfte wird der Albtraum verbunden, nicht mehr zur Gesellschaft dazuzugehören. Anerkennung und Wertschätzung – so die Sorge – erfährt nur derjenige, der in der Leistungsgesellschaft weiter mitmacht, der vital und effizient bleibt. Wer nicht mehr aktiv produziert, soll wenigstens aktiv konsumieren, um zumindest als Wirtschaftsfaktor relevant zu sein. Krankheit, Gebrechen oder der Tod haben in der digitalen Welt keinen Platz mehr und müssen daher auch aus dem Leben der Senioren verbannt werden.

In der Gesellschaft scheint es derzeit nur zwei Bilder für das Altsein zu geben, die extrem auseinanderklaffen. Das eine Extrem leugnet diesen Zustand schlichtweg: Entworfen wird das

Idealbild, dass sich mit 60 oder 65 Jahren eine zweite Jugend eröffnet, die es einem ermöglicht, große Reisen zu unternehmen oder noch einmal ein völlig neues Leben zu beginnen. Das andere Extrem malt ein resignatives Schreckensbild von Schwäche, Krankheit und Verfall. Man muss sich deprimiert in ein karges Leben ohne Ziele und Träume fügen. In diesem Zustand kann man sein Leben allenfalls noch passiv »runterleben«.

Vermittelnde Bilder wie das frühere Ruhestandsideal spielen in der heutigen Zeit kaum noch eine Rolle. Die Vorstellung eines geruhsamen und von allen Arbeitspflichten entbundenen Lebens – das Bild des Rentners, der seinen Lebensabend auf der Parkbank verbringt – wird heute eher als lähmend, trostlos und ineffizient erlebt. Man sitzt dann buchstäblich im Abseits. Auch das Bild der sorgenden Oma, die immer für die Enkel da ist und damit ihre eigenen Kinder entlastet, passt nicht zu der Vorstellung, sich bis ins hohe Alter selbst zu verwirklichen. Allerdings findet es sich noch vor allem bei Senioren, die auf dem Land leben: Durch ehrenamtliche Aktivitäten, soziales Engagement und die unermüdliche Unterstützung der eigenen Kinder verschaffen sie sich auch noch im hohen Alter das Gefühl, gebraucht zu werden.

Ausgedient hat auch das Ideal, dass gerade ältere Menschen durch ihre Erfahrung und Weisheit die Gesellschaft bereichern können, etwa der lebenskluge Senior, der gerade dadurch, dass er nicht mehr aktiv im Tagesgeschäft mitmischen muss, oft eine überlegene und überlegende Distanz zum hektischen Alltagsgeschehen entwickelt und eine reiche Lebenserfahrung besitzt, die er in Unternehmen, Vereine oder die Familie einbringen könnte. Aber diese Kompetenz wird oft nicht genutzt.

Da in unserer Gesellschaft heute kein attraktives Vorbild des Altwerdens und des Altseins existiert, befinden sich die älteren Menschen in einer bildlosen Grauzone. Und in diese werden die digitalen Verheißungen vom ewigen Aufbruch und Neuanfang projiziert. Beinahe leitmotivisch für den Traum vom ewigen Aufbruch ist die Figur des Camel-Manns, der die Werbelandschaft seit den siebziger Jahren prägte und zum dynamischen Gegenbild für alles Festgefahrene und Konservative avancierte. Denn der Camel-Mann war unentwegt unterwegs. Er kannte keine Festlegung, kein Ankommen und kein Ende. Seine Rastlosigkeit mündete niemals in einem Ruhestand. Er machte nur hin und wieder eine kurze Zigarettenpause. Der Weg war ja sein Ziel. Und auf diesem Weg nutzten sich auch nur seine Schuhe ab und wurden löchrig. Er selbst blieb aber immer jung und vital.

Unter den »älteren Erwachsenen« finden sich in den letzten Jahren daher häufig Menschen, die man durchaus als »rastlose Rumtreiber« charakterisieren kann. Sie wirken wie eine städtische Blaupause des Camel-Mannes. Meist sind sie geschieden oder wieder einmal Single. Kontakte zur Familie oder den eigenen Kindern bestehen kaum. Beruflich haben sie sich schon lange nicht mehr in einen festen Rhythmus oder in ein monotones Angestelltendasein zwängen lassen. Am liebsten machen sie ihr Hobby zum Beruf und arbeiten freischaffend als Golf- oder Tennislehrer, als Berater, Hausverwalter oder Makler. Ihren Lebenssinn finden sie in der Erschließung von immer neuen Freiräumen: Ständig wollen sie in der Welt unterwegs sein, Neues erkunden, nie einen endgültigen Platz beziehen. Sexuelle Eskapaden, Sport und Reisen beleben sie und halten sie in Schwung. Ihr Lebensmotto lautet: »Ich muss nichts, aber ich kann alles.«

Der Tod als Bedrohung

Aber auch die Altersleugner, die das Bild des Seniors an ihre eigenen Eltern delegieren, die ihr Alter als zweite Jugend feiern und ihr Leben als manischen Dauerlauf inszenieren, spüren die Realität des Alterns. Im eigenen Umfeld häufen sich Schicksalsschläge in Form von Krankheiten oder dem Tod nahestehender Menschen. Und am eigenen Leibe bemerken sie zunehmend Einschränkungen: Die Bandscheiben oder die Gelenke bereiten Probleme. Sie erleben sich als kurzatmiger. Sie machen die Erfahrung, dass sie langwierige Krankheiten nur mühevoll überstehen können und mehr Zeit brauchen, um sich wieder zu regenerieren. Vor allem im Abgleich mit den Jüngeren erfahren sie schmerzlich den Tribut des Alterns. Dennoch versuchen sie durch ständige körperliche Aktivität und Umtriebigkeit den eigenen Alterungsprozess zu verlangsamen oder ihn auszublenden: »Ich bin 60 und mache auch noch Scheiße wie ein 25-Jähriger. 60 ist für mich eine Zahl, mehr ist das nicht.«

In einer von digitalen Wunschträumen geprägten Gesellschaft scheint sich auch das Verhältnis der Menschen zum Tod zu wandeln. In den Interviews mit den Senioren klingt immer wieder an, dass sie den Tod zwar nicht leugnen, ihn aber als »Bedrohung« charakterisieren. Eine Bedrohung hat aber einen ganz anderen Stellenwert als eine Realität. Denn eine »Bedrohung« impliziert eine Gefahr, die man potenziell abwenden könnte. Eine Gefahr, die man zwar nicht ignorieren will, mit der aber die Fiktion verbunden ist, sie im Idealfall bannen zu können. Ein 75-jähriger Unruheständler brachte das augenzwinkernd auf die Formel: »Alle Menschen müssen sterben – vielleicht auch ich …« Die insgeheime digitale Hoffnung, wirklich – wie eine CD – ein Leben ohne Abnutzung und Tod führen zu können, hält daher das Vitalitätsgetriebe vieler Senioren in Gang: Sie leben gesundheitsbewusst. Sie nehmen *functional food* zu sich oder Naturheilmittel, die die Vitalität und Spannkraft zu fördern versprechen. Sie machen zu Hause Yoga oder Gymnastik, betreiben Ausdauersport und besuchen das Fitnessstudio. Auf Trimmpfaden oder auf Jakobswegen versuchen sie buchstäblich, dem Tod davonzulaufen.

Der Tod und auch das Trauern werden weitestgehend aus unserer gesellschaftlichen Realität verdrängt – nicht nur von den Senioren, sondern von uns allen. Zu diesem Fazit kommt der Bestattungsunternehmer und Trauerbegleiter Fritz Roth in seinem aufrüttelnden Buch *Das letzte Hemd ist bunt*: »Vor nicht allzu langer Zeit lag in unseren Wäscheschränken das Totenhemd obenauf. Die Botschaft war klar: Mensch, bedenke, dass Du sterblich bist – memento mori.«[39] Heute wissen laut Roth die meisten Menschen mit dieser Botschaft nichts mehr anzufangen. Der Tod findet nur noch in Hollywood statt oder in den Nachrichten. In unserem Leben hat er keinen Platz mehr. Wenn das Leben zu Ende geht, werden die Kranken und Sterbenden abgeschoben: in Krankenhäuser, Altenheime und Hospize. Die eigene Ohnmacht gegenüber dem Tod wird zu bannen gesucht durch Technik, Konventionen und oft unsinnige Vorschriften und Verordnungen zur Sterbekultur.

Letztlich zählen in unserer Gesellschaft nur Leistung und Effizienz: »Jede starrsinnig auf Wachstum fixierte Gesellschaft verdrängt Verlusterfahrungen. Wer nicht (mehr) leistet, passt nicht ins System und wird an den Rand gedrängt.«[40] Wir sind daher nicht nur unfähig zu träumen, sondern nach Roth auch unfähig zu trauern. Dabei hilft die Traurigkeit, den Verlust eines nahestehenden Menschen zu bewältigen. Denn wer trauert, richtet den Blick nach innen. Er erkennt die Bedeutung, die der Verstorbene für das eigene Leben gehabt hat, und er gewinnt mit der Zeit eine Vorstellung, wie er das eigene Leben in Zukunft gestalten will. Roth bezeichnet die produktive Kraft dieses schmerzlichen Blickes nach innen als »Trauerpower«.

Aber oft gesteht man sich selbst nicht die Zeit zum Trauern zu, oder das persönliche Umfeld versucht einen aus der Traurigkeit

zu reißen. Diese verdrängte Trauerarbeit ist nach Roth mitver-
antwortlich für die »sprunghaft ansteigenden Fallzahlen Depres-
siver und Burnout-Betroffener« und bereitet »den Boden für ir-
rational-fatalistische lähmende Grundstimmungen«.[41] Die Trauer
und auch der Tod brauchen daher wieder einen Platz im Leben.
Hinterbliebenen muss wieder ein bewusster Umgang mit dem
Tod – auch in den eigenen vier Wänden – ermöglicht werden.
Denn: »Der Tod erklärt das Leben. (...) Den Wert des Lebens
spürt nur, wer den Tod kennt. (...) Wer einmal die Präsenz des
Todes begriffen hat, weiß sofort, was Respekt bedeutet.«[42]

Die Verdrängung des Todes aus dem Leben erzeugt zwar die
Illusion der Unsterblichkeit. Aber sie »raubt uns damit das Bewusstsein für den unschätzbaren Wert jedes Tages«.[43] Daher plädiert
Roth dafür, Trauern wieder als einen konstruktiven Akt zu begreifen. Er will den Tod und das Trauern wieder in den »eigenen Le-
bens- und Handlungshorizont integrieren, anstatt sie an Experten
zu delegieren«.[44] Denn aus der Fähigkeit zu trauern kann jeder
Mensch viele Kräfte gewinnen, die sein Leben bereichern.

Liebe und Abschied

Den aus der gesellschaftlichen Wahrnehmung verdrängten Prozess des langsamen Sterbens und schmerzlichen Abschiednehmens rückt der meisterhafte Film von Michael Haneke *Liebe*
wieder in den Blick. In diesem Kammerspiel, das 2012 in Can-
nes mit der Goldenen Palme ausgezeichnet wurde, wird der Zuschauer Zeuge, wie der Alltag eines betagten Ehepaares – zwei
Musikprofessoren im Ruhestand – abläuft.

Das Paar, Georges und Anne, besucht gemeinsam hin und
wieder ein Konzert, erhält selten Besuch von der eigenen Tochter oder von einem ehemaligen Schüler. Das Leben spielt sich

im Kreis der eigenen Wohnung ab: Sie bereiten gemeinsam die Mahlzeiten zu. Sie sitzen an einem engen Küchentisch oder im Wohnzimmer und tauschen Erinnerungen über ihr Leben aus. Die großen Aufbrüche, Aufwallungen und die markigen Töne finden nicht mehr statt. Das unterstreicht der Film auch dadurch, dass er nicht mit Musik unterlegt ist. Man hört nur die Schritte des Paares, das Plätschern des Wasserhahns, das Gurren oder Picken einer Taube, die durch den Lichtschacht die Wohnung besucht, oder die leisen Töne der Gespräche, die von gegenseitiger Achtsamkeit und Verständnis geprägt sind. Ansonsten wird man mit einer Stille konfrontiert, die im Lauf des Films immer mehr zu einer Todesstille wird.

Denn Anne erleidet einen Schlaganfall und ist halbseitig gelähmt an den Rollstuhl gefesselt. Ihr Ehemann pflegt und versorgt sie aufopferungsvoll und versucht alles, um seiner Frau den verlorenen Lebensmut zurückzugeben. Aber all seine Hingabe und Liebe, die Georges immer wieder aufbringt, kann den schleichenden Verfall nicht aufhalten. Anne erleidet einen weiteren Schlaganfall, der sie in einen Zustand völliger Hilflosigkeit versetzt. Sie kann sich nicht mehr allein aufrichten, nicht mehr allein essen. Sie nässt nachts ein, benötigt Windeln, muss geduscht und regelmäßig im Bett gewendet werden. Ihre Sprache ist wirr und undeutlich geworden. Oft liegt sie stundenlang reglos da und ruft nur noch monoton um Hilfe. Georges gerät in eine immer größere Überforderung, aber er hat seiner Frau das Versprechen gegeben, sie nicht in ein Krankenhaus oder ein Heim zu bringen. So ist er – nur sporadisch von einer Pflegerin unterstützt – allein seinen Tagträumen an bessere Zeiten überlassen und sucht am Ende seiner Kräfte nach seinem ganz persönlichen Weg des liebevollen Abschiednehmens.

Als Zuschauer hatte ich den Eindruck, dass der Film eine bedrückende, aber auch letztlich still beglückende Gegenwelt zum rastlosen Stillstand und ewigen Aufbruch des Alltags aufbaut. Über zwei Stunden lang zerdehnt er die Augenblicke, in denen sich das Leben irgendwann erschöpft. Man verlässt das Kino schweigend, nachdenklich und doch gelöst.

Ewige Wiederholung oder letzte Weichenstellung

Das Buch von Fritz Roth *Das letzte Hemd ist bunt* und der Film *Liebe* von Michael Haneke sind Ausdruck eines gesellschaftlichen Wandels. Denn sie rücken die – in unseren Wunschträumen von einem digitalen Leben – verdrängte Realität des Todes wieder in den Blick. Sie haben daher einen ähnlichen Stellenwert wie der nächtliche Traum. Sie regen an, sich wieder Zeit zu nehmen und schmerzliche Erfahrungen von Verlust und Vergänglichkeit wieder in unser Leben einzubeziehen. Sie erinnern an den Preis eines Lebens, das nur unter dem Diktat der Vitalität und rastlosen Betriebsamkeit steht.

In unserer Seniorenstudie wurde deutlich, dass es den älteren Menschen heute schwerfällt, sich einfach gehen bzw. treiben zu lassen. Neben der Trauer sind auch genießerisch-aufgelockerte Verfassungen rar, in denen sie sich einfach mal dem Zauber des Augenblicks überlassen. Zu groß ist die Angst, dass mit dem Lockerlassen auch die gebannten Schreckgespenster des Alterns freigesetzt werden könnten. Selbst die Auflockerungsaktivitäten, die kleinen Reisen oder die Wellnesswochenenden werden sauber geplant und oftmals mühevoll inszeniert. Hingabe und Entspannung gestatten sie sich allenfalls innerhalb eines streng kontrollierten Rahmens. Den Freiraum, wirklich einmal zur Ruhe zu kommen und ihr weiteres Leben neu zu träumen, eröffnen sich viele Senioren letztendlich nicht. Der Wunschtraum vom ewigen Aufbruch entpuppt sich letztendlich als ein konservatives

Ideal. Er engt den Freiraum ein, neue und andere Lebensziele zu entwickeln. Bewahrt werden soll auf jeden Fall der körperliche, geistige oder materielle Status quo. Man klammert sich an die alten Strukturen und Lebensgewohnheiten. Man hält die alten Träume aus der eigenen Jugend fest: »Ich bin so wie immer, nur eben älter ...«, heißt es dann. Galionsfiguren dieser Haltung sind Altrebellen wie Peter Kraus oder die Rolling Stones, die sich mit über 70 Jahren noch immer so gebärden wie in jungen Jahren. Der Geist des *forever young* beschwört den unbedingten Willen zur Entwicklungslosigkeit. Und mitunter wird man durch das Festhalten dieses Geistes zur Karikatur seiner selbst.

Wie etwa bei einem 60-jährigen Mann, der seit 20 Jahren mit einer ehemaligen Partnerin und seinem erwachsenen Sohn zusammen in der Wohnung seiner Jugendzeit lebt. Und seit seiner Jugend hält er an seinem Traum fest, als Künstler endlich den Karrieredurchbruch zu schaffen. Sein Alltag hat sich in den letzten 30 Jahren kaum verändert; er lebt von Auftritt zu Auftritt. Mögliche Veränderungen seiner Lebenssituation erlebt er als bedrohlich – dann fürchtet er, seine Identität zu verlieren. Und so hofft er, noch viele Jahre weiter auf der Bühne stehen zu können.

So ergibt sich das paradoxe Bild, dass eine Seniorengeneration, die mit den Träumen von Aufbruch, Befreiung und ständiger Erneuerung groß geworden ist, sich häufig schwer damit tut, ihr eigenes Leben umzuträumen. Getrieben von ihren *forever young*-Wünschen und dem gesellschaftlichen Vitalitätsdiktat findet sie in ihrem Alltag meist nicht die Muße zum schöpferischen Innehalten und zur Neuausrichtung ihres Lebens.

Aber es gibt auch Senioren, die nicht einfach dem Vitalitätsdiktat gehorchen, sondern einer einfachen Erfahrung folgen: »Wer weitermachen will wie bisher, muss etwas ändern.« Sie stellen sich den körperlichen und geistigen Einschränkungen des Alters und führen Änderungen in ihren Lebensgewohnheiten durch: Weil die Kinder ausgezogen sind, bauen sie das Haus um oder ziehen in eine kleinere Wohnung. Das Arbeitspensum wird deutlich reduziert oder man stellt auf Teilzeitarbeit um. Auch in der Freizeitgestaltung konzentriert man sich nur noch auf wenige Aktivitäten, die einem wirklich wichtig sind, und betreibt diese dann intensiver als vorher.

Andere gönnen sich eine Phase der Ruhe und Revision: Sie stellen ihr ganzes bisheriges Leben auf den Prüfstand. Sie eröffnen sich den Freiraum, sich von falschen Träumen zu verabschieden und ihre ungelebten Träume oder Ideale früherer Lebensabschnitte wiederzubeleben. Vergessene Hobbys oder Kompetenzen rücken auf einmal wieder in den Blick: Sie entdecken ihr Herz für die Malerei, für den Gesang, für den eigenen Garten oder für soziale Aktivitäten. Sie knüpfen neue Freundschaften oder gehen wieder auf Menschen zu, die ihnen in der Vergangenheit viel bedeutet haben. Mit dem eigenen Partner suchen sie einen späten Neuanfang. Mitunter trennen sie sich, weil sie spüren, dass es keine tragfähigen Gemeinsamkeiten mehr gibt. Diese Neubesinnung und Neuausrichtung des Lebens wird von ihnen nicht als eine beliebige Zwischenetappe in einem Wunschtraum vom ewigen Aufbruch erlebt, sondern als bedeutsame letzte Weichenstellung im eigenen Lebenskreis.

KAPITEL 8

Jugend heute

Der Traum vom Angekommensein

Wenn sich Nichtjugendliche heute mit dem Thema Jugend befassen, wird ihr Blick oft durch eine doppelte Voreingenommenheit getrübt. Erstens war jeder Mensch auch einmal ein Jugendlicher. Und oft wird die heutige Jugend an der eigenen gemessen. Auch wenn oder gerade weil es sich in der Regel um eine idealisierte Rückschau handelt: Das Lebensgefühl, das man damals ausgekostet hat, die Revolte, die man damals ausgetragen hat, die Werte, für die man damals gekämpft hat, will man auch in der heutigen Jugend finden. Sie soll zum realen Wiedergänger der eigenen Jugend werden.

Zweitens existiert heute ein gesellschaftliches Idealbild der Jugend, das noch sehr stark durch die markante Jugendbewegung der späten sechziger Jahre geprägt ist: Jugendliche befinden sich in einem Befreiungskampf. Sie sind politisch engagiert und streiten für Autonomie und Emanzipation. Der Aufstand der Jugend während des Arabischen Frühlings hat dieses Stereotyp jüngst noch einmal verstärkt, gelten die offene Rebellion und die Lust am Abenteuer doch als Wesenszüge der Jugend. Durch die Verherrlichung eines persönlichen und kollektiven Ideals von Jugend werden die heutigen Jugendlichen jedoch in ihren Ausdrucks- und Lebensformen auf den bereits etablierten Wunschtraum vom *forever young* festgelegt. Und mancher Jugendlicher bekennt heute fast entschuldigend, dass er nicht so abenteuerlustig, rebellisch oder experimentierfreudig ist wie die eigenen Eltern.

Dabei wird von der Gesellschaft zuweilen vergessen, dass der Sinn von Jugend und Generationenkonflikten ja eben gerade *nicht* die Fortschreibung gesellschaftlicher Ideale und Träume ist, sondern ihr schonungsloses Infragestellen und Negieren. Zu neuen Entwicklungen kann es nur kommen, wenn eine neue Generation eine Antithese zum Status quo entwickelt. Jugend und etablierte Gesellschaft stehen daher in einem ähnlichen Verhältnis zueinander wie der nächtliche Traum und der geordnete Tag. Sowohl die Jugend als auch der Traum rücken die Probleme, die Verkehrtheiten und die uneingelösten Sehnsüchte in den Blick und motivieren dadurch zu einer Umgestaltung der Lebenshaltung.

Das Haus am See

Eine tiefenpsychologische rheingold-Studie mit Jugendlichen zwischen 18 und 24 Jahren zeigt, dass Jugendliche heute einen ganz anderen Lebenstraum hegen als die coolen Jugendlichen der neunziger Jahre oder die aufbegehrenden Jugendlichen der siebziger Jahre.[45] Unsere Psychologen, die die Tiefeninterviews durchführten, waren regelrecht verblüfft und beeindruckt, wie erwachsen, kontrolliert und vernünftig die Jugendlichen auftraten. »Das ist schon toll und das hätte ich nicht erwartet, die jungen Leute haben ganz klare Vorstellungen und ziehen das durch. So weit war ich in dem Alter nicht!«, so einer der rheingold-Psychologen.

Das gepflegte Erscheinungsbild der meisten Jugendlichen ist von einem lässig-modernen Stil geprägt, mit dem man weder stark auffällt noch sich von anderen abgrenzt. In den Gesprächen zeigen sie sich sehr kooperativ. Sie sprechen offen und locker über ihre Probleme und Lebenswünsche. Dabei betonen sie immer wieder, dass sie zielstrebig ihren Weg finden wollen. Die Lebensentwürfe sind von klaren und erreichbaren Zielen geprägt. Bildung, Karriere und ein hoffentlich gutes Einkommen werden immer wieder als erstrebenswert genannt.[46]

Die Jugendlichen sind bereit, sich für ihre Ziele zu engagieren: Die persönliche Bereitschaft, sich anzupassen, flexibel und pflichtbewusst zu sein, werden als Garanten eines erfolgreichen und abgesicherten Lebens gesehen.

Bittet man die Jugendlichen, ihre zentralen Lebensträume zu beschreiben, so wird beinahe in jedem Gespräch mit wechselnden Worten ein ähnliches Bild entwickelt: »Ich möchte später einmal ein kleines Haus mit Garten oder eine Eigentumswohnung besitzen.« Wohnen möchte man in dieser Idylle mit dem eigenen Partner, den (beiden) Kindern und dem Hund: »Später haben wir dann drei Autos. Meine Frau eins, eine Familienkutsche und ein Sportwagen für mich. Dann hat man es geschafft und kann einen Gang runterschalten.« Mitunter wird regelrecht ein kleinbürgerlich anmutendes Idyll gezeichnet: »Der Sonntag ist komplett Familie, da gehen wir gemeinsam spazieren und im Sommer sind wir dann im Schrebergarten.«

Der bei Jugendlichen beliebte Song von Peter Fox über das »Haus am See« ist die heimliche Hymne der heutigen Jugendkultur: Besungen wird einer, der einen Aufbruch wagt, aber auch davon träumt, letztlich wieder in seiner Heimat anzukommen. Am Ende des Liedes und am Ende der Straße erscheint das Ideal eines beschaulichen Lebens. Man hat sich niedergelassen und fühlt sich wohl im Kreise der Familie:

Und am Ende der Straße steht ein Haus am See.
Orangenbaumblätter liegen auf dem Weg.
Ich hab 20 Kinder, meine Frau ist schön.

Alle komm'n vorbei, ich brauch nie rauszugehen.
Hier bin ich gebor'n, hier werd ich begraben.
Hab taube Ohr'n, 'nen weißen Bart und sitz im Garten.
Meine 100 Enkel spielen Cricket auf'm Rasen.
Wenn ich so daran denke, kann ich's eigentlich kaum erwarten.

In der letzten Strophe des Songs wird das Ideal eines Ruhe-
standes beschworen, das – wie wir gesehen haben – von den
vital-rastlosen Senioren oft abgewehrt wird. Dadurch ergibt sich
das paradoxe Bild, dass viele Senioren heute dem Klischeebild
der Jugend zu entsprechen versuchen. Die Junioren hingegen
wollen oft ein Bild von gediegener Reife und gewachsener Lebenserfahrung abgeben, das in früheren Zeiten mit dem Ren-
tenalter verbunden war. Die Sehnsucht nach einem Zustand
des Angekommenseins zeigt sich auch in den weiteren Aus-
schmückungen des Lebenstraumes der Jugendlichen. Sie wollen
sich »zu Hause gemütlich einrichten« und »Geborgenheit« erfahren. Immer wieder sprechen sie von einem verlässlichen und
treuen Partner, an den sie sich fest binden wollen und von dem
sie auch nicht verlassen werden möchten.

Patchwork und Zerrissenheit

Verständlich wird eine solche an die Ideale einer Biedermeierwelt erinnernde Lebenshaltung vor dem Hintergrund einer stark
veränderten Lebenswirklichkeit der heutigen Jugend. Dieser
Wandel zeigt sich vor allem im direkten Vergleich mit der jugendlichen Referenz-Generation der späten sechziger Jahre.

Das Lebensgefühl dieser Generation war davon bestimmt, in
einer starren, bornierten und vor allem betonierten Gesellschaft
zu leben. Ihr Ziel war es, diese festen Strukturen aufzubrechen und

für ein offeneres und freieres Leben zu kämpfen. Das Feindbild dieser rebellischen Generation war die massive Eichenschrankwand, die meist noch in den Wohnzimmern ihrer Elternhäuser zu finden war. In ihrer starren und monumentalen Unverrückbarkeit war diese Schrankwand nichts anderes als ein Sinnbild für eine Frühversargung: Die Eltern umgaben sich schon zu Lebzeiten mit dem Material, das sie später ins Jenseits begleiten würde.

Der gesellschaftliche Aufbruch der siebziger Jahre manifestierte sich kaum verwunderlich in einem anderen Möblierungs-Ideal, das Ikea kongenial bediente. Die Möbel sollten kleinteilig, mobil, flexibel und kombinierbar sein. Und sie sollten nicht für die Ewigkeit gebaut sein, sondern für die Erfordernisse der jeweiligen Lebensetappe. Die damalige Aufbruchs- und Beweglichkeitsdoktrin manifestierte sich in provisorischen Möbeln und Wohnmobilen – in Billy, Bulli und Bananenkiste.

Das Lebensgefühl der heutigen Jugendlichen ist diametral entgegengesetzt. Sie haben das Gefühl, in einer zerrissenen und brüchigen Welt zu leben. Eine Welt, die von ständigen Erschütterungen bedroht ist und die kaum noch Verlässlichkeiten bietet. Die Zerrissenheitserfahrungen gründen sich meist auf dem familiären Umfeld. Jeder Jugendliche berichtet in den Interviews, dass er in seiner Familie, der Verwandtschaft oder im Freundeskreis Trennungen und Scheidungen erlebt hat. Viele leben in Patchworkfamilien oder mit der alleinerziehenden Mutter. Ein typisches Zitat eines Jugendlichen, der die Trennung seiner Eltern erlebt hat: »Seit mein Vater ausgezogen ist und eine neue Freundin hat, hat er sich kaum noch für mich interessiert. Das war eine schwere Zeit für mich. Heute ist das Thema durch …« Aber auch in den noch intakten Familien wird häufig die mangelnde Präsenz oder Verlässlichkeit der Väter beklagt. Eine sichere und tragfähige Basis finden die Jugendlichen aber auch nicht in der Gesellschaft. Diese wird vielmehr – wie ich im ersten Kapitel beschrieben habe – durch immer neue Krisen erschüttert und bietet derzeit weder klare Leitlinien noch eine glaubwürdige Zukunftsperspektive. Die meisten Jugendlichen sind hierzulande zwar nicht wie ihre Altersgenossen in Spanien oder Griechenland massiv von Jugendarbeitslosigkeit betroffen oder bedroht. Dennoch hat das Bild vom lange Zeit sicheren und berechenbaren Versorgungsparadies Deutschland furchterregende Risse bekommen. Junge Leute erleben das Land als eine Zweiklassengesellschaft, und die Angst ist allgegenwärtig, dass jeder jederzeit in unserer Gesellschaft abstürzen kann: »Heute kann jeder abrutschen und dann ist man ganz unten.« Vor allem Hartz IV ist für die Jugendlichen zum Sinnbild eines potenziellen persönlichen Einbruchs- und Loser-Schicksals geworden: »Arbeitslos und mit Hartz IV – das wäre mein absoluter Albtraum.«

Absturzpanik und innere Wut

Das Lebensgefühl der Jugendlichen ist also geprägt von einer schwelenden Absturzpanik angesichts heilloser, offener und brüchiger Verhältnisse. Das Leiden an den drohenden Brüchen oder an der erfahrenen Brüchigkeit, Unzuverlässigkeit und Ohnmacht erzeugt bei den Jugendlichen oft eine innere Wut auf die chaotische Unbeständigkeit der Welt. Diese Wut kann von den meisten von ihnen aber nicht kanalisiert und direkt ausgelebt werden. Denn weder die oft toleranten oder kumpelhaften Eltern noch die oft hilflos wirkenden Politiker eignen sich als Sündenbock oder als Feindbild. Auch die Sinus-Jugendstudie stellt fest: »Rebellion ist den Jugendlichen nicht nur im gesellschaftlichen Kontext fremd, sondern auch im Mikrokosmos der Familie. (...) Das Verhältnis zur Elterngeneration ist in allen Lebenswelten entspannt.«[47]

Die meisten Jugendlichen betonen im Tiefeninterview, dass sie während ihrer Schulzeit oft noch ganz anders mit ihrer brodelnden Wut umgegangen sind. Immer wieder schildern sie Eskapaden ihrer wilden Teenager-Zeit: »Ich war ganz schlecht in der Schule, habe mich geprügelt und Mofas frisiert.« »Ich bin von der Schule geflogen und hatte auch Kontakt zu Drogen.« Oft wird in einer Art abgeklärtem Rückblick berichtet, wie man zusammen mit Freunden andere gemobbt oder wie man mit der eigenen Clique Mitschüler drangsaliert hat. Im Extrem brüsten sich die jungen Leute mit den durchgestandenen Bandenkriegen oder den kleinen Diebstählen aus ihrer Schulzeit. Vereinzelt nehmen diese Eskapaden auch selbstzerstörerische Züge an: »Ich habe mich eine Zeit lang geritzt.« »Früher haben wir manchmal echt extrem viel getrunken. Das hatte schon was von Komasaufen.«

Aber diese Jugendlichen berichten auch, dass sie mit 16 oder 17 Jahren plötzlich an einen Wendepunkt gelangt und in kurzer Zeit vom Saulus zum Paulus mutiert sind. Angesichts der Wucht ihrer Verzweiflungsakte packte sie eine ungeheure Angst vor der verspürten Zerstörungskraft ihrer Wut: »Dann wurde mir auf einmal klar, wenn ich jetzt mein Leben nicht ändere, dann lande ich im Abgrund.« Solche biografischen Umschwünge in ein Übermaß an Selbstkontrolle, Anpassung und Vernunft lassen sich im Großen wie im Kleinen in fast allen Lebensbeschreibungen der Jugendlichen ausmachen. »Im Nachhinein betrachtet hatte ich echt Glück, dass ich nicht weiter abgerutscht bin – es hätte auch alles anders kommen können.« Die vernünftige Selbstdisziplinierung dient den Jugendlichen als seelischer Rettungsfallschirm. Er soll die eigene Wut auf die brüchigen Verhältnisse dämpfen und die latente Absturzpanik bannen.

Der jugendliche Rettungsfallschirm:
Ordnung und Beständigkeit

Ich hatte bereits im Kapitel über die deutschen Fluchtformen beschrieben, dass Vernunft oder das Streben nach Ordnung und absoluter Kontrolle von der Sehnsucht getrieben sind, die verspürte Unruhe und Verzweiflung des Lebens zu überwinden. Das zeigt sich auch deutlich bei den Jugendlichen. Viele entwickeln eine fast manische Suche nach festen und haltgebenden Ordnungen und Regelwerken. Werte wie Pünktlichkeit, Disziplin, Höflichkeit oder Respekt vor Älteren gelten in ihren Augen nicht als spießig, sondern als Garanten für die so oft vermisste Sicherheit und Verlässlichkeit.

Chaos, Unordnung oder Überraschungen sind ihnen dagegen suspekt oder wecken diffuse Ängste. Auch das Offene, Weite, Ozeanische und Unbegrenzte wird von den Jugendlichen häufig als wenig stabilisierend empfunden. Ein 18-Jähriger erzählte, dass sein Vater auf einer gemeinsamen Reise durch Kalifornien über den Highway 1 immer wieder gebannt auf das offene Meer schauen wollte und gar nicht verstehen konnte, dass der Sohn nicht den gleichen Genuss dabei verspürte, sich in der endlosen Ferne zu verlieren. Auf die väterliche Frage, ob der Sohn denn nicht auch gern auf den Pazifik schauen wollte, erwiderte dieser prompt: »Ich schaue lieber auf einen Zaun.« Umgekehrt brachte der »kindische Vater« den Sohn in Rage, weil er als Autofahrer ständig die Verkehrsregeln missachtete, als Fußgänger einfach bei Rot über die Straße lief und generell den Urlaub gar nicht richtig durchgeplant hatte.

Für die meisten Jugendlichen ist heute wichtig, dass das Leben und auch die eigene Zukunft überschaubar bleiben. Durch genaues Planen und Organisieren – auch mithilfe von Facebook – soll der Alltag in eine berechenbare Struktur gebracht werden. Immer betonen sie, dass sie bereits am Vorabend wissen wollen, was der neue Tag bringt und wie er abläuft. Daher sind Serien, die sie regelmäßig im Fernsehen oder zeitversetzt auf Youtube verfolgen, ebenso beliebt wie die täglichen Kontakt- oder Informationsrituale im Internet. Bei vielen jungen Frauen steht *Germany's Next Topmodel* hoch im Kurs. Denn Heidi Klum bietet hier eine anschauliche Anleitung, wie man durch Ordnung, Anpassung und Disziplin zum Star werden kann.

Versicherungen oder Bausparverträge sind längst nicht mehr verpönt, sondern ernst genommene Möglichkeiten der Zukunftsplanung. Und für viele Jugendliche ist es selbstverständlich, sich vor einem Urlaub im Ausland darüber zu informieren, ob die eigene Krankenversicherung auch dort gilt. Selbst bei den Vorstellungen, wie man sich am liebsten einmal gemütlich zu Hause einrichten möchte, feiert die Schrankwand heute wieder ein kleines Comeback. Der verspürten Brüchigkeit der Lebensverhältnisse will man zumindest in seinen Möbeln den Anschein einer stabilen Unverbrüchlichkeit gegenüberstellen.

Selbstkontrolle und Absturzsehnsucht

Wir erkennen bei den heutigen Jugendlichen ein nicht sehr stark ausgeprägtes Grund- oder besser gesagt Urvertrauen in die Verlässlichkeit oder Beständigkeit menschlicher Beziehungen und Einrichtungen. Dahinter verbirgt sich die Sorge, enttäuscht zu werden oder die soziale Kontrolle zu verlieren. Das führt aber wiederum dazu, dass viele Jugendliche eine sehr große Feinfühligkeit in diesen Bereichen entwickeln. Sie haben eine Art seelisches Frühwarnsystem ausgebildet – im Hinblick auf plötzliche Erschütterungen oder Wendungen, die einen kränken oder in

Wut versetzen könnten. Sobald sie merken, dass in der Familie oder im Freundeskreis etwas aus dem Ruder läuft, wollen und können sie aktiv gegensteuern, moderieren, ausbalancieren und beschwichtigen. Sie sind meisterlich in der Kunst der sozialen Kleindiplomatie.

In einer Partnerschaft sind Treue und Verlässlichkeit meist wichtiger als überbordende Leidenschaft, die ja immer die Gefahr plötzlicher Umschwünge oder jäher Erkaltungen in sich birgt. Sobald man sich auf eine wirkliche Partnerschaft einlässt, ist die Beziehung von einer gegenseitigen Verpflichtung zur Treue geprägt. Das Ausbrechen oder Fremdgehen des Partners gilt als unverzeihlicher Verrat. Den Erzählungen der Eltern von der eigenen sexuellen Freizügigkeit ihrer Jugendjahre begegnen viele Jugendliche mit Erstaunen oder offener Ablehnung. Denn gerade in den Fragen von Partnerschaft und Liebe existiert ein oft engmaschiges Geflecht von Verhaltensregeln: »Ich würde niemals mit der Ex eines Freundes anbändeln, denn das könnte meinen Freund ja verletzen.«

Auch der Alltag in den meisten Beziehungen junger Menschen ist stark reglementiert und weist mitunter eine eheähnliche Struktur auf. Die jungen Paare verbringen viel und regelmäßig Zeit miteinander und bewegen sich gemeinsam in einem vertrauten Freundeskreis. Sie müssen nicht an jedem Wochenende Party machen, sondern hängen auch gern gemeinsam auf dem Sofa ab. Wenn man nicht zusammen ist, will man zumindest genau wissen, wo der Partner sich gerade aufhält und was er gerade macht.

Zum jugendlichen Rettungsschirm gehört auch eine freiwillige Selbstkontrolle in vielen Lebensbereichen. Sie soll unliebsame Ausbrüche oder Einbrüche verhindern. Viele Jugendliche versuchen sich gesund zu ernähren und Sport zu treiben. Im Umgang mit den klassischen Ausbruchsmitteln – Alkohol und Zigaretten –

überwiegen zumeist starke Disziplinierungs- und Mäßigungstendenzen. Während der Woche wird eher wenig Alkohol getrunken und überraschend wenig geraucht. Selbst die überzeugten Raucher entwickeln eine Fülle von Regeln und Vorgaben, die das eigene Rauchverhalten einschränken: »Wir rauchen nicht in der Wohnung und auch nicht im Auto. Und natürlich nicht allein, nicht vor den Eltern und schon gar nicht aus Langeweile.« »Ich habe meine festen Rauchregeln: Ich rauche generell nur draußen, nicht während eines konzentrierten Gesprächs und nie im Gehen oder an eine Hauswand angelehnt.« Häufig werden sogar die Gesetzesvorgaben des Nichtraucherschutzes begrüßt oder zumindest ohne Murren akzeptiert, denn sie unterstützen die freiwillige Selbstkontrolle.

Doch dies ist nur die eine Seite der Medaille. Denn eine solch starke Selbstreglementierung erzeugt auch immer eine Art Absturzsehnsucht. Vor allem an den Wochenenden wird der Wunsch bei den Jugendlichen stark, diese ganzen Einschränkungen zu sprengen. Dann werden regelrechte Wochenendausbrüche gestartet. Man schießt sich mit Alkohol ab, raucht Unmengen Zigaretten oder liegt den ganzen Tag im Bett und chillt: »Am Wochenende kann das schon mal heftig werden. Da rauche ich manchmal schon beim Vorglühen mit Freunden eine ganze Schachtel.«

Hangover und Black Swan

Auch jenseits der geplanten Ausbrüche und Wochenendexzesse wird in den Tiefeninterviews und in den nächtlichen Träumen der Jugendlichen eine heimliche Absturzsehnsucht deutlich: Muss ich wirklich immer so vernünftig und gefasst sein? Kann ich mich nicht einfach einmal voller Leidenschaft in das Unkontrollierbare des Lebens stürzen? Einfach mal aus einer vagen Laune heraus verrückte Dinge tun, die keinem Zweck oder Ziel genügen! Meist gehen die Jugendlichen im Alltag diesen Impulsen nicht nach. Der Rettungsfallschirm wird nicht abgelegt. Aber in Hollywood-Filmen wie *Hangover* oder *Black Swan* wird diese Absturzsehnsucht aufgegriffen und dramatisiert. Und beide Filme genießen bei vielen Jugendlichen Kultstatus, denn sie rücken ihre geheimen und ungelebten Träume in den Blick.

Von *Hangover* existiert mittlerweile ein nicht minder erfolgreicher zweiter Teil, obwohl die Geschichte in beiden Filmen annähernd gleich ist. Ein Mann steht kurz vor seiner Hochzeit und damit vor dem endgültigen Übergang in ein vernünftiges und durchgeplantes bürgerliches Leben. Doch vorher will er mit seinen Freunden noch einmal »ordentlich« feiern – im ersten Teil in Las Vegas, im zweiten Teil in Bangkok. Sie starten ihre Tour, stoßen gemeinsam an und dann erfolgt ein Schnitt. Die Zuschauer werden Zeuge, wie die Freunde am nächsten Morgen in einem absolut desolaten Zustand aufwachen: Das Zimmer ist zertrümmert, einem der Kumpel fehlt ein Schneidezahn, ein unbekanntes schreiendes Baby wird gefunden, im Badezimmer wartet ein Tiger und vom Bräutigam fehlt jede Spur. Aber was ist geschehen? Alle Beteiligten haben einen kompletten Filmriss. Niemand kann sich mehr an den nächtlichen Totalabsturz erinnern.

Es scheint im Leben der Freunde zwei Zustände zu geben, die nichts voneinander wissen. Der bürgerliche Vernunftzustand ist zeitweise ins andere Extrem gekippt, das aber nun vollkommen verdrängt zu sein scheint. Und so versucht der gesamte Film, den verlorenen Zusammenhang wiederherzustellen und zu klären, was eigentlich passiert und wie es zu dem totalen Absturz gekommen ist. Dabei werden Schritt für Schritt die immer wüsteren, abstruseren und perverseren Wendungen dieser Nacht aufgedeckt: rauschhafte Steigerungen, kriminelle Entgleisungen, masochistisch anmutende Selbstverstümmelungen und orgiastische sexuelle Kapriolen. Bei der Aufdeckung dieser Geschehnisse schwanken die Protagonisten permanent zwischen ungläubigem Entsetzen über ihre Entfesselungen und heimlichem Stolz über ihre freigesetzte Lebenskraft hin und her. Und am frohen Ende beschließen sie, noch einen letzten Blick auf die aufgefundenen Schnappschüsse der vergangenen Nacht zu werfen – und sie dann zu vernichten.

Wenn man den Partyschilderungen der Jugendlichen folgt, existieren wie im Film *Hangover* oft gar keine Übergänge zwischen Kontrolle und Exzess. Die Partys beginnen meist erstaunlich sittsam, ordentlich und artig. Damit überhaupt eine gelöste Stimmung aufkommt, glühen die Jugendlichen oft schon zu Hause mit Freunden vor und treffen mit einer gewissen Grundlockerheit auf der Party ein. Meist läuft bis weit nach Mitternacht das ganze Geschehen in einem halbwegs geordneten Rahmen ab. Die Jugendlichen sitzen zusammen und unterhalten sich, hier und da wird auch getanzt. Irgendwann löst sich dieser Rahmen dann aber komplett auf und die Party kippt um in ein wüstes Gelage und in einen Zustand völliger Enthemmung. Bier, Asche, Speisereste landen auf dem Boden und werden dort festgetreten. Das Mobiliar wird auseinandergenommen, es wird gekotzt, gepöbelt und rumgeknutscht – bis irgendwann der Gastgeber die Notbremse zieht und die Party beendet.

Den schwierigen und für viele Jugendliche kaum zu meisternden Übergang von vernünftiger Selbstkontrolle zu exzessivem Sich-fallen-Lassen dramatisiert auch der Film *Black Swan* von Darren Aronofsky. Natalie Portman spielt die ehrgeizige und beinahe zwanghaft um Leistung und Kontrolle bemühte Balletttänzerin Nina Sayers. Angeheizt durch ihre nicht minder ehrgeizige Mutter widmet Nina bereits ihr ganzes Leben dem Ballett. Jetzt soll Tschaikowskys Klassiker *Schwanensee* aufgeführt werden, und Nina bewirbt sich um die Doppelrolle des weißen und des schwarzen Schwanes. Der Direktor attestiert ihr zwar, dass sie den weißen Schwan perfekt beherrsche, aber er zweifelt daran, ob sie die nötige Sinnlichkeit, leichtlebige Verruchtheit und Verführungskraft für die Rolle des schwarzen Schwans besitze. Jetzt will Nina mit Perfektion und Kontrolle die abgründigen Nachtseiten ihrer Persönlichkeit wecken. Doch trotz aller Anstrengungsbereitschaft schafft sie das nicht, die Quadratur des Kreises misslingt.

Den Zugang zum schwarzen Schwan findet sie erst, als sie bereit ist, sich ihren persönlichen Absturzsehnsüchten zu überlassen. Sie widersetzt sich der gestrengen Mutter. Sie entwickelt den Zwang, sich die Schulter blutig zu kratzen, und sie verfällt zunehmend in halluzinatorische Tagträume. Am Ende rammt sie sich eine Glasscherbe ihres zerstörten Spiegelbildes in den Bauch und findet durch diesen unbewussten Akt der Selbstverletzung zu einer authentischen und grandiosen Leistung. Ob sie diesen Absturz überlebt oder ebenso wie der weiße Schwan im Ballett stirbt, lässt der Film offen.

Kompetenzhamsterei und Turboeffizienz

In der Wirklichkeit der heutigen Jugendlichen wird mit dem Absturz meist das Ende der persönlichen Karriere- und Etablierungshoffnungen verbunden. Die Vorstellung eines stets drohenden Absturzes, die meist auch von den ehrgeizigen Eltern bekräftigt wird, hetzt die Jugendlichen vor sich her. Sie sind bestrebt, sich dagegen aufzurüsten und zu schützen. Emsig und leistungsbereit investieren sie viel Zeit in ihre Ausbildung. Bereits während der Schulzeit beginnen sie damit, sich ein ganzes Arsenal von zertifizierten Fertigkeiten, Ausbildungen und Kompetenzen zu beschaffen. Praktika, Fremdsprachenkenntnisse, Auslandsaufenthalte, Zusatzqualifikationen erscheinen ihnen als eine verlässliche Fahrkarte in eine erfolgreiche Zukunft.

Von vielen Jugendlichen werden diese Kompetenzen allerdings eher wahllos, maßlos und schematisch gehamstert. Denn oft besitzen sie noch kein klares Bild, was aus ihnen werden soll. Die Auswahl des richtigen Rüstzeugs entspringt nicht dem flammenden persönlichen Interesse, sondern einer Rundumsorglos-Logik: Man macht die Scheine oder Praktika, die gerade angesagt sind oder generell als vielversprechend für das Berufsleben gelten. Bei längeren Auslandsaufenthalten sucht man meist nicht die heimlichen Sehnsuchtsorte aus, sondern die Stationen, die sich gut in der persönlichen Vita machen. Weil man aber beim Kompetenzhamstern nicht einer inneren Stimme und einem eigenen Maß folgt, wissen viele mitunter auch nicht, ob und wann sie genug können. Immer bleibt die Sorge, es könnte doch noch eine Qualifikation fehlen.

Allerdings ist den Jugendlichen heute auch der Freiraum verbaut, in der Schule oder an der Universität ein Gespür für diese innere Stimme zu bekommen – für den Ruf, der dem Beruf doch vorausgehen könnte. Bereits die gymnasiale Schulzeit gehorcht dem Turbodiktat von G8, und durch die Einführung von Studiengebühren, aber in noch viel stärkerem Ausmaß durch die Bachelor- und Masterstudiengänge hat sich auch die Realität des Studiums drastisch verändert.

Früher war das Studium eine Entwicklungszeit, die für die jungen Menschen zwei Seiten hatte: Einerseits war es im Studium wichtig – quasi als letzte Vorstufe zum Arbeitsleben –, fleißig und organisiert zu sein. Man sollte als Student Selbstdisziplin zeigen und bereit sein, engagiert voranzukommen. Andererseits war das Studium auch eine traumhafte Zeit, in der man entspannt das

Leben genießen konnte. Ein Moratorium, das die Möglichkeit eröffnete, sich auszuprobieren und mit Interessen- oder Lebensformen zu experimentieren. Und in dieser langen Zeitspanne konnte man auch Bindungen pflegen und aufbauen.

Heute ist diese andere Seite weitgehend einem ökonomischen Effizienz- und Erfolgsdenken geopfert worden. Der Studienalltag wird als stark verschult und durchstrukturiert erlebt. Er ist überschattet vom Prinzip der Auslese und von der Konkurrenz zwischen den Studierenden: »Alles ist straff durchorganisiert. Ich habe nicht mehr das Gefühl, man studiert aus ideellen Gründen, sondern so, wie es der Staat oder der Arbeitsmarkt gerade brauchen. Ganz negativ gesagt: Es sollen Ja-Sager herangezüchtet werden, Freidenker sind nicht mehr gefragt.«

Die 23-jährige Autorin Nasanin Kamani beschreibt in einer Zeitungskolumne[48] erstaunt, wie ihr Vater von seiner Unizeit schwärmt: »Wir haben gefeiert, gelesen, geträumt und gestreikt, ohne einen Schein in der Tasche, ohne einen Plan für morgen. Wir wollten herausfinden, was wir sind und was wir wollen. Das waren die besten Jahre meines Lebens.« Doch sie fragt sich bei der väterlichen Schilderung: »Wovon um Himmels Willen redet er?« Denn für sie ist die Uni kein Ort der Selbstfindung mehr: »Gelesen wird, was auf dem Stundenplan steht. Gestreikt wird höchstens gegen Studiengebühren. Gefeiert wird erst nach den gefühlten achtzig Klausuren im Semester. Und geträumt? Geträumt wird gar nicht mehr.«[49]

Auf den einseitigen Zuwachs des Effizienzdruckes reagieren viele Studenten mit Kompensationstechniken. Sie pflegen nicht mehr das Bild des Stundentenlebens, sondern trennen strikt zwischen Studieren und Leben. Und sie suchen immer wieder das Kontrastprogramm, das die entstehenden Defizite aufzuheben verspricht: Aus einem Entspannen-Können wird so ein Entspannen-Müssen. Indem sie sich abends »ordentlich die Kante geben«, Action- oder Horrorfilme schauen, in Computerspiele abtauchen oder Sport treiben, wollen sie in einer explosionsartigen Selbstvergessenheit ein Gegengewicht zum Studium schaffen. Auch der Wunsch, sich auszuprobieren und zu experimentieren, wird in abrupten Kompensationsphasen ausgelebt: Man macht Fernurlaube, engagiert sich in den Semesterferien in der Entwicklungshilfe, bewirbt sich für ein Auslandssemester oder bricht das Studium komplett ab.

Da oft auch wenig Zeit für die Pflege von Bindungen bleibt, behelfen sich viele Studenten mit einer Kontaktmaximierung. Sie sind über die sozialen Netzwerke mit Hunderten von Freunden und Schicksalsgenossen in Kontakt und verabreden sich zu Partys oder besonderen Events. Während der Studienzeit bleibt meist all das, was nicht eindeutig dem Studium dient, auf der Strecke: die Lektüre von Büchern und Zeitschriften, die Auseinandersetzung mit den Studien- oder Lebensbedingungen in Deutschland und die Muße, sein Leben einmal neu zu träumen.

Versager-Ausgrenzung und die Sehnsucht nach bedingungsloser Liebe

Viele Jugendliche bannen ihre Absturzangst nicht nur durch ihre forcierte eigene Leistungsbereitschaft, sondern indem sie sich strikt von all den Menschen abgrenzen, die bereits abgestürzt sind. »Du Loser«, »Du Opfer« oder »Hartz IV« avancieren zu gern gebrauchten Schimpfworten. Den Opfern und Verlierern der Gesellschaft wird oft nicht Mitleid oder Solidarität entgegengebracht, sondern Geringschätzung und Schmähung. Erstaunlicherweise häufig sogar von Jugendlichen, die sich selbst als eher politisch links oder als solidarisch charakterisieren. Diese auffällige Distanzierung von den Verlierern ist Ausdruck eines

Selbstschutz-Mechanismus: Sie ermöglicht es den jungen Menschen, die Illusion einer Kontrolle über das Lebensschicksal aufrechtzuerhalten.

Denn im Weltbild der Jugendlichen hat sich die Vorstellung einer Zweiklassengesellschaft mittlerweile fest verankert. Die Welt scheint in ihren Augen klar geteilt in Gewinner und Verlierer, in Superstars und Hartzer. Und sie sehen auch ihre Altersgenossen klar geschieden in die Leistungswilligen und Strebsamen auf der einen Seite und die Versager, Resignierten oder Outlaws auf der Gegenseite. Indem die Jugendlichen den Nachweis erbringen, dass die Loser selbst schuld an ihrem Los sind, haben sie die Möglichkeit, nicht die gleichen Fehler zu begehen: »Die machen doch gar nichts und lassen sich einfach ins Sicherungsnetz fallen.« Sie glauben daran, durch Anpassung und unbedingte Leistungsbereitschaft ihrem Leben eine erfolgreiche Wendung geben zu können.

Aber auch die leistungswilligen Jugendlichen hegen eine tiefe Sehnsucht nach einer bedingungslosen Liebe, nach einem bergenden Schutzraum, der sie auch ohne eigene Vorleistung trägt und auffängt. Dieses Urvertrauen – jenseits aller Absturzängste gehalten zu werden und Geborgenheit zu erfahren – finden Jugendliche heute vor allem bei ihren Müttern. Überraschend viele stimmen regelrechte Lobeslieder auf ihre Mütter an: »Mit meiner Mutter kann ich über alles reden. Und sie hat immer versucht, mich zu schützen.« Die Mütter stehen in ihren Augen für eine Verlässlichkeit und Sicherheit, die man sonst in der Welt nicht findet. Von ihnen erhofft man sich, eine Liebe zu erhalten, die nicht an Erfolgsbedingungen geknüpft ist – und die auch bestehen bleibt, wenn man scheitert oder abstürzt. Die Nähe und das freundschaftliche Verhältnis zur Mutter manifestieren sich nicht zuletzt darin, dass man immer wieder gern ins elterliche Heim zurückkehrt. Das »Hotel Mama« dient nicht nur einfach der eige-

nen Bequemlichkeit, sondern hier erhofft man sich eine grundsätzliche seelische Stabilisierung.

Auch die Medien erfüllen diese Stabilisierungsfunktion. Sie
fungieren als mobiler und dauerpräsenter Mutterersatz. Die
Jugendlichen umhüllen sich regelrecht rund um die Uhr mit
Radio, Fernsehen, Internet oder Handy, die meist sogar parallel
genutzt werden. Kleine MP3-Player fungieren als Ohrenschnul-
ler, die einen draußen begleiten und umsäuseln. Mittels media-
lem Dauereinsatz lassen sich verstörende Leerstellen im Alltag
vermeiden. Da man für die meisten dieser medialen Angebote
nichts bezahlen muss, versprechen sie den Jugendlichen auch
eine bedingungslose Zufuhr.

Goldmarie und Pechmarie – die zwei Seiten der Jugend

Das Lebensgefühl der heutigen Jugend, ihre Zwickmühlen und
Entwicklungschancen weisen erstaunliche Parallelen mit dem
Grimmschen Märchen von Frau Holle auf. Das Märchen erzählt
von einer Witwe, die zwei Töchter hat. Die eine Tochter ist fleißig, die andere faul, aber die Mutter liebt die faule Tochter mehr
und bevorzugt sie. Die Angst der fleißigen Tochter, in dieser
brüchigen und bodenlosen Welt abstürzen zu können, wird real,
als ihr die Spindel in den Brunnen fällt und die Mutter ihr befiehlt,
sich ebenfalls in den Brunnen zu stürzen, um das Spinnwerkzeug
wieder heraufzuholen. Sie stürzt ab, verliert die Besinnung und
findet sich in einer wunderschönen sonnigen Welt wieder. Dort
geht sie sogleich den Aufgaben nach, die ihr gestellt werden. Sie
zieht das fertig gebackene Brot aus dem Backofen und schüttelt
den Baum mit den reifen Äpfeln. Dann gelangt sie in das Haus
von Frau Holle, die sie freundlich aufnimmt und verpflegt. Als
Gegenleistung soll das Mädchen ihr im Haushalt helfen und ihre

Betten regelmäßig ausschütteln. Als die fleißige Tochter nach einiger Zeit wieder zurück nach Hause möchte, wird sie von Frau Holle durch ein Tor geführt und dort mit Gold überschüttet.

Das erregt den Neid der bevorzugten Tochter. Auch sie springt in den Brunnen und erwacht in der anderen Welt. Aber sie folgt den Rufen dieser Welt nicht. Sie nimmt das Brot nicht aus dem Ofen und lässt die Äpfel am Baum hängen. Auch Frau Holles Betten schüttelt sie erst nur nachlässig und dann gar nicht mehr. Als sie das Land durch das Tor verlässt, wird sie mit Pech überschüttet.

Märchen werden bei der psychologischen Beratung von Fällen oder Institutionen eingesetzt, um ihre oft widersprüchlichen Tendenzen und Entwicklungsmöglichkeiten überschaubar zu machen. Die verschiedenen Personen und die Wendungen eines Märchens werden dabei als unterschiedliche Seiten oder Strategien eines Falles gesehen. Die Goldmarie und die Pechmarie sind also eigentlich nicht getrennte Personen, sondern Spielarten der heutigen Jugend. Ebenso wie der weiße und der schwarze Schwan im Film *Black Swan*. Es gehört zur Jugend, dass sie den Rufen der Wirklichkeit folgt, dass sie fleißig ist und sich den jeweiligen Gegebenheiten anpasst. Und es ist zutiefst verständlich, dass sie auf Liebe, Lohn und eine goldene Zukunft hofft.

Aber es gehört ebenso zur Jugend, dass sie sich widersetzt, dass sie den Anforderungen der erwachsenen Welt nicht Folge leistet, dass sie rebelliert und ihr eigenes Ding durchzieht. Dazu gehört es, faul zu sein, sich einfach mal fallen zu lassen, nur zu chillen oder zu träumen und kein goldenes Glanzbild abgeben zu müssen. Erst wenn die Jugend mit dieser Verweigerung an den herrschenden Verhältnissen rüttelt und schüttelt, erfährt sie, was wichtig ist im Leben und was letztendlich Halt und Stabilität vermittelt. Und auch, wenn die Jugend anders ist, als die Gesellschaft erwartet, hofft sie auf die bedingungslose Liebe.

Holle oder Hölle – die Zukunft der Jugend

Gesellschaftliche Entwicklung ist nicht möglich, wenn eine junge Generation nur brav Vorgaben erfüllt und sich besinnungslos in ein effizientes Leistungsdiktat stürzt. Ohne die Pechmarie, ohne die träumerischen Nachtseiten erstickt das Leben in einer sich ständig wiederholenden seelenlosen Effizienz. Das Märchen von Frau Holle zeigt daher zwei grundsätzliche Entwicklungswege der Jugend im Wechselspiel zwischen Gold- und Pechmarie auf.

Der erste Weg birgt die Gefahr, dass sich die Jugend und die Gesellschaft nur noch auf die Glanz- und Effizienzseite der Goldmarie verpflichten. Was nicht der Karriere oder dem globalen Leistungswettbewerb nutzt, wird einfach aufgekündigt oder abgeschnitten. Risiken, eigene Träumen und Visionen, die Neugier auf das Leben und dessen ungeahnte Potenziale werden so in Schach gehalten. Angesichts einer krisenhaften Welt hofft man allein durch vernünftige Selbstbeschränkung und Anpassung absolute Stabilität und Prosperität herstellen zu können. Damit nähert sich die Gesellschaft aber wieder dem Wunschtraum oder besser gesagt dem Irrglauben, dass eine rein auf Effizienz und Leistung ausgerichtete Ideologie ein goldenes Zeitalter in Deutschland heraufbeschwören könnte. Sie rennt sich in ihrem Effizienzwahn fest und beraubt sich selbst der Chance, über die Jugend und über die Träume die schöpferischen Kräfte des Landes zu fördern.

Der zweite Weg beschwört die Chance, dass die Jugendlichen nur vorübergehend die Position der Goldmarie beziehen, um ihren Platz in der Gesellschaft zu finden. Aber sobald sie etabliert sind und einen stabilen Standort gefunden haben, stellen sie sich auch die Frage, was ihnen in ihrem Leben wichtig und bedeutsam ist. Sie sind dann bereit, die Position der Goldmarie aufzugeben und als rebellische Pechmarie das Leben in ihrem Sinne umzuträumen. Bereits jetzt gibt es hoffnungsvolle Anzeichen, dass die freiwillige Beschränkung der Jugendlichen auf eine überschaubare Biedermeierwelt eine neue Erdung in die Gesellschaft bringt. Viele Jugendliche streben nicht mehr nach Erfolg, Wachstum und Karriere um jeden Preis. Sie folgen heute nicht mehr dem Diktat, immer schneller höher und weiter kommen zu wollen. Es ist ihnen wichtig anzukommen. Sie sehnen sich nach Stabilität und nach einer gesicherten Existenz, nach einem erfüllten Leben. Sie wollen sich nicht mehr total verplanen lassen, sondern auch über die Zeit verfügen, um ihre Beziehungen und Hobbys zu pflegen, für die Entwicklung eigener Träume und Lebensbilder, die das derzeitige gesellschaftliche Stillhalteabkommen durchbrechen und einen neuen und produktiven Generationskonflikt entfachen.

KAPITEL 9

Der Traum von einer permanenten Gegenwart

Das bedrohte Paradies

Träume können eine visionäre Kraft entfalten. Sie stellen den Status quo infrage. Sie konterkarieren die Betriebsblindheit des Alltags und rücken in den Blick, wie wir anders leben könnten. Die Bereitschaft, sich von Träumen aus seinen geordneten Bahnen leiten zu lassen, wächst, wenn die gegenwärtige Situation als unaushaltbar oder defizitär erlebt wird. Martin Luther Kings Vision »I have a dream!« bekam ihre Stoßkraft durch die Diskriminierung der afroamerikanischen Bevölkerung in den USA. Der alttestamentarische Traum vom gelobten Land entsprang der Not und Vertreibung, denen die Israeliten ausgesetzt waren.

Die aktuelle Situation in Deutschland hingegen fördert für die meisten Menschen hierzulande keine visionäre Traumbereitschaft. Die Not ist außerhalb der deutschen Grenzen zu Hause. Deutschland erscheint vielen als eines der letzten Paradiese in Europa und der Welt. Die Wirtschaft funktioniert und die Arbeitslosenzahlen sind bei Weitem niedriger als bei den meisten europäischen Nachbarn. Aber dieses Paradies ist gefährdet. Schon jetzt sehen sich die Menschen von einer Vielzahl von Krisenherden umzingelt. Die Wirtschaftskrise ist noch nicht ausgestanden und flammt vor allem im Süden Europas immer wieder auf. Durch die Ukrainekrise scheint der kalte Krieg wieder erwacht. Der Dauerkonflikt zwischen Israelis und Palästinensern destabilisiert weiterhin den Nahen Osten. Im Irak und in Syrien verbreiten die archaisch anmutenden IS-Kämpfer und ihre Vision von einem Gottesstaat Angst und Schrecken. Und die Ebola-Epidemie in Afrika schürt weltweit Ängste vor dem Kranken und Fremden.

Kein Wunder, dass für viele Menschen die Zukunft mit dem Gedanken verbunden ist, dass sie eigentlich nur schlimmer oder schlechter werden kann als das Heute. Bestenfalls könne es gelingen, die Lage zu stabilisieren und die paradiesischen Zustände noch eine Zeit lang zu konservieren. Statt visionärer Zukunftsträume entwickeln daher viele Menschen heute die Sehnsucht nach einer permanenten Gegenwart. Idealerweise soll sich nichts wirklich verändern und alles möglichst so bleiben, wie es ist. Angela Merkel gelang es, im Herbst 2013 die Bundestagswahl zu gewinnen, indem sie meisterhaft diese Sehnsucht nach der permanenten Gegenwart aufgegriffen hat.[50]

Ihre ruhige, verlässliche und fast stoisch anmutende Haltung machte sie auch in den Augen vieler SPD-Wähler zu einem menschlichen Bollwerk gegen die Schreckgespenster der Krise. Sie suggerierte: »Liebe Wähler, ihr kennt mich. Ihr könnt euch auf mich verlassen. Ich komme euch nicht mit großen Experimenten oder Neuerungen, sondern segele umsichtig auf Sicht.« Kein Politiker bzw. keine Politikerin verkörpert derzeit das Versprechen von Schutz, Konstanz und Zeitlosigkeit stärker als Angela Merkel. In den Augen der Wähler gewinnt sie vor allem durch ihre Überparteilichkeit. Sie gilt als gerecht und verspricht, niemanden im Lande fallen zu lassen oder eklatant zu benachteiligen. Sie wird aber nicht nur als versorgende Übermutter gesehen, sondern als nationaler Schutzengel, der wie die alttestamentarischen himmlischen Heerscharen auch streitbare und furchteinflößende Züge hat. Gerade im Umgang mit ihren Parteiwidersachern hat sie bewiesen, dass sie hart zuschlagen kann und in der Lage ist, konsequent durchzugreifen.

Peer Steinbrücks Verhalten war demgegenüber für die Wähler schwer berechenbar. Er wirkte wie das personifizierte Restrisiko. Niemand wusste genau, wo er hinsteuert und wie die Zukunft mit ihm aussehen kann. Stand er während der großen Koalition an der Seite von Angela Merkel noch für Finanzkompetenz und klare Standpunkte, wirkte er im Wahlkampf wie ein Schatten seiner selbst. Wankelmütig, von parteipolitischen Zwängen gegängelt, täppisch und egoistisch. Vor allem die Diskussion über das Kanzlergehalt schürte den Argwohn, dass er nicht wie Angela Merkel primär von ideellen Motiven geleitet sei, sondern von dem Wunsch nach Selbstoptimierung.

Angela Merkel hingegen spricht man zu, dass sie sich mit Leib und Seele in den Dienst des Landes und seiner Bürger stellt. Die Wähler haben das Gefühl, dass sie ein quasi zölibatäres Leben führt. Sie scheint nur für die Politik und die Bürger da zu sein – persönliche Leidenschaften, Interessen, modische Avancen oder persönliche Eitelkeiten werden dem Einsatz für das Gemeinwohl geopfert. »Sie macht sich Sorgen um unser Land und ich frage mich, wann diese Frau überhaupt schläft.«, ist ein typischer Satz über unsere Bundeskanzlerin. Die berühmte Raute, die Frau Merkel mit ihren Händen formt, ist daher nicht nur ein Symbol für geschlossene und alles umfassende Stabilität. Sie ist auch ein Sinnbild für das dialektische Bermudadreieck der Republik, in dem jeder visionäre Traumansatz verschwinden wird.

Deutschland als Goretex-Land

Neben der Sehnsucht nach einer permanenten Gegenwart nehmen in Deutschland auch Tendenzen zu, sich vom Rest der Welt abzuschotten. Im Idealfall soll Deutschland wie eine semipermeable Membran funktionieren, wie man sie aus der Goretex-

Bekleidung kennt: Das Gute und Produktive aus Deutschland soll aus dem Land herausströmen und Deutschland zum Exportweltmeister oder Reiseweltmeister machen. In dieser Richtung sind offene Grenzen und freier Handel willkommen.

Das Arme, Kranke, Klamme oder Flüchtige aber soll draußen bleiben – und nicht ins Land strömen können. Mit dieser Logik begrüßen viele Menschen eine restriktivere Flüchtlingspolitik und die jüngst verabschiedeten Maßnahmen gegen Sozialmissbrauch. Auch der Euro wird im Zuge der Abschottungswünsche nicht nur von den Anhängern der »Alternative für Deutschland« kritisch gesehen. Denn gegenüber der Deutschen Mark besitzt er für viele Menschen noch immer die Aura des Fremden und Krankmachenden. Thilo Sarrazins trotzige Parole »Wir brauchen den Euro nicht« spiegelt die Sehnsucht nach einem autonomen und sich selbst genügenden Deutschland wider.

Mit der Sehnsucht nach der permanenten Gegenwart und den Wünschen nach Abschottung, erhoffen sich viele Menschen einen Zustand der Stabilität, der das deutsche Paradies zeitlich und räumlich konserviert. Miterzeugt wird aber auch ein Gefühl von Stillstand und defensivem Verharren. Deutschland träumt nicht neu, sondern verbunkert sich im Status quo. Ein Aufbruch findet nicht statt. Die deutsche Unruhe dreht sich in sich fest. Oberflächlich betrachtet gilt: »Still ruht der See«. Aber unter der Oberfläche rumort die deutsche Unruhe bedenklich.

Es gibt eine wachsende Gruppe von Menschen, die bereit ist, das Paradies Deutschland aktiv zu schützen. Der Status quo und die eigenen Besitzstände sollen gegen all diejenigen verteidigt werden, die die eigene Moral nicht teilen. In Interviews oder Gruppendiskussionen wehren sie sich gegen die vermeintlichen »Denkverbote und Tabus in der offiziellen Politik«. Mit Leidenschaft und Vehemenz zeigen sie auf, durch welche Menschen und Machenschaften sie Deutschland von innen und außen bedroht sehen. In einer Aggressivität, die ich in den letzten 25 Jahren in rheingold-Studien noch nicht beobachtet habe, wird von diesen Menschen z. B. angeprangert, dass »das eigene Geld im Süden versickert«, dass »Zuwanderer und soziale Randgruppen Geld von Vater Staat geschenkt bekommen«. Man grenzt sich pauschal von den »Harzern oder Sozialschmarotzern im eigenen Land« ab, die nicht bereit seien, selbst zu arbeiten. Oder von den »Linken, die ständig soziale Projekte finanzieren wollen. Aber irgendwann ist das ganze Geld weg und bei meiner Tochter wird dann gar nichts mehr da sein«.

Angesichts der vielen abstrakten und globalen Gefahren, die weder fassbar noch durch eigene Kraft abwendbar erscheinen, sind einige dieser Leute froh, mit Zuwanderern oder sogenannten Sozialschmarotzern einen konkreten Feind ausmachen zu können, den man wahrnehmen, angreifen und ausgrenzen kann. Statt Ohnmacht vermittelt diese Haltung den Eindruck potenzieller Tatkraft und das Gefühl, Herr im eigenen Haus zu sein. »Man muss gegen die Zuwanderer angehen, die in unser Land kommen. Die wissen, wo das Geld liegt und ziehen es uns aus den Taschen.«

Die auffällige Zunahme von Ressentiments zeigt die Untiefen des still ruhenden Sees an. Die Aufbruch- und Kampfstimmung, die in der Politik vermisst wird, tobt sich an den Stammtischen und in den Freundeskreisen im Einsatz für eine vermeintlich gerechtere Republik aus. Und sie führt bei einigen Wählern zu einer Sehnsucht nach einer »deutschen Partei« wie der AfD, zu der man sich offen bekennen kann: »Rechts klingt ja so doof und ich finde es schade, dass man gleich als Nazi bezeichnet wird, aber wir brauchen eine Partei, die sich die konservativen, deutschen Werte auf die Flagge schreibt und auch die deutschen Interessen vertritt.« Die Kernwerte dieser bislang unterschätzten Gruppierung sind z. B. die »Rückbesinnung auf die DM; auf deutsche Wurzeln und Tugenden« wie Fleiß, Genauigkeit, Vertrauen und

Gemeinschaft; auf ein »unabhängiges Deutschland«, das »regionaler denkt« und seine eigenen Interessen besser vertritt und sich auch über strengere Einwanderungsgesetze stärker vom Rest der Welt abschottet.

Das Fremde und Andere als traumhaftes Prinzip deutscher Meisterschaft

Die Abschottung von allem Fremden und die Ressentiments gegenüber Zuwandern führen dazu, dass kaum jemand in Deutschland bemerkt hat, dass dieses Land mittlerweile noch vor Australien und Kanada das zweitgrößte Einwanderungsland der Welt ist. Ignoriert werden aber auch die Chancen der Integration. Faktisch sorgen die Zuwanderer im überalternden Deutschland schon jetzt für eine Verjüngung der Arbeitnehmer. Sie helfen, den sogenannten Facharbeitermangel zu beheben. Zudem stellt die OECD fest, dass die Zuwanderer mehr Steuern und Abgaben zahlen, als sie an Sozialleistungen in Anspruch nehmen. Das Gros der Einwanderer hat einen Job und ist gut qualifiziert.

Dass Deutschland seine heutige Stärke und Entwicklungsfähigkeit gerade auch den Einwanderern verdankt, hat im Sommer 2014 die Fußball-WM gezeigt. Klose, Özil, Khedira, Boateng und Podolski haben in den letzten Jahren einen wichtigen Beitrag für die Entwicklung einer neuen Spielkultur geleistet, die Athletik mit Ästhetik verbindet, die effizient und berauschend ist. Die Nationalmannschaft ist ein Paradigma dafür, das eine gesellschaftliche Einigkeit nicht in einer gemeinsamen Herkunft begründet sein muss. Viel stärker verbinden gemeinsame Ziele und Werke. Unterschiede, das Fremde und Andere sind geradezu förderlich und haben eine ähnliche Funktion wie der nächtliche Traum. Sie bringen eine produktive Ergänzung und

Spannung in unser Leben und verhindern Starre und Selbstge-
nügsamkeit. Geistiger Austausch und die Reibung mit anderen
Kulturen sind Kräfte, die dafür sorgen, dass eine Nation lebendig und schöpferisch bleibt.

Und war Deutschland nicht schon immer kreativ und produktiv – weil es die Begabung zum Träumen hat und weil es
seit jeher ein klassisches Einwanderungsland ist? Meisterhaft erzählt das Carl Zuckmayer in seinem Stück *Des Teufels General*
von 1946/47. Hier ist der Leutnant Hartmann verzweifelt, weil
ihm der Arier-Nachweis aufgrund der nichtarischen Großmutter
verwehrt wird. General Harras versucht ihn wieder aufzubauen,
indem er ihm klar macht, dass Deutschland und vor allem das
Rheinland immer schon eine Art europäischer Völkermühle war.
Römische Soldaten, jüdische Händler, griechische Ärzte, französische Schauspieler und böhmische Musikanten führt Zuckmayer
für die rheinische Ahnenreihe ebenso auf wie die schwedischen
Reiter oder Kosaken. Zuckmayer entwirft damit ein Deutschlandbild, in dem der Streit und die Auseinandersetzung der Kulturen ebenso wie ihr gemeinsames Feiern, Zusammenraufen und
Kinderzeugen die Triebfeder für gesellschaftlichen Fortschritt
sind: »(…) und der Goethe, der kam aus demselben Topf, und
der Beethoven und der Gutenberg. Es waren die Besten, mein
Lieber! Die Besten der Welt! Und warum? Weil sich die Völker
dort vermischt haben. Vermischt – wie die Wasser aus Quellen
und Bächen und Flüssen, damit sie zu einem großen, lebendigen
Strom zusammenrinnen.«[51] Diesen Leitgedanken sollten wir uns
auch heute zu eigen machen.

Hermetik, Abschottung oder die ewig gleichen Drehungen
des Hamsterrades waren noch niemals Wegbereiter für produktive Weiterentwicklungen. Umbrüche und Lebenssteigerungen
entstehen nur durch die Provokation des fremden Anderen und
des befremdlichen Eigenen unserer Träume.

KAPITEL 10

Google, Facebook und Co.

Tagträume von Allmacht und Erlösung

Die neuen Medien – Lebenssteigerung oder Untergang?

Die Reaktionen auf technische Innovationen und neue Medien stehen sich in Deutschland oft diametral gegenüber: Einerseits verbinden viele mit diesen Neuerungen unvorstellbare Verheißungen. Der Computer und das Internet versprachen den Beginn einer neuen Ära, die Suchmaschinen und die sozialen Netzwerke führen dieses Versprechen heute fort. Mit ihrer Nutzung soll der Alltag einfacher werden und das persönliche Leben sich in einem zuvor ungekannten Ausmaß steigern oder intensivieren. Manche prognostizieren den Anbruch paradiesischer Verhältnisse, die einem Großteil der Menschheit eine unkompliziertere, erfülltere, aufgeklärtere und demokratischere Zukunft versprechen. Im Lager der Befürworter und Verfechter dieser Innovationen entsteht eine riesige Euphorie, die durch den Verheißungs-Überschuss dynamisiert wird.

Auf der anderen Seite verbergen sich für viele Menschen hinter diesen Neuerungen alle erdenklichen Übel und Abgründe. Vor allem die neue digitale Welt scheint den Untergang des Abendlandes einzuläuten. Und manch Kritiker spitzt seine Warnungen dahingehend zu, dass die Neuerungen die Menschen verrohen oder verdummen lassen. Spätestens seit dem gleichnamigen Bestseller des Gehirnforschers Manfred Spitzer ist die *Digitale Demenz* zu einer geläufigen Drohdiagnose geworden. Und der Katalog an himmlischen Strafen, die die beständige Nutzung digitaler Medien nach sich zu ziehen droht, klingt niederschmetternd: mentale Entmündigung und Trägheit, Gedächtnisschwäche, Sucht und geistige Schädigung, eine drastische Verminderung der Lernfähigkeit bei Kindern und Jugendlichen. Und auch die weiteren Folgewirkungen sind alarmierend: Ängste, Abstumpfung, Depressionen, Übergewicht, Gewaltbereitschaft und sozialer Abstieg.

Mit den neuen Medien aufs Engste verbunden – so scheint es – ist eine nur schwer aushaltbare Ambivalenz, die man mithilfe möglichst klarer Aufspaltungen aufzulösen sucht: Paradies oder Hölle, Erlösung oder Untergang, wunderbarer Tagtraum oder schrecklicher Albtraum. Durch diese Schwarz-Weiß-Malerei werden jedoch die den neuen Medien innewohnenden Kontraste weiter verstärkt. Die grelle Ausleuchtung der Schattenseiten lässt auch ihre Verheißungen in einem helleren Licht erstrahlen. Paradoxerweise wird gerade durch die Warnung vor den verheerenden Auswirkungen der neuen Medien der Glaube an ihre Allmacht konserviert. Denn wenn immer wieder die Kritiker ihre geradezu diabolischen Folgen heraufbeschwören, festigen sie damit die Vorstellung von deren übermenschlichen Wirkungskräften.

Der verstehende Blick auf die Grautöne, auf die Übergänge und die gemischten Gefühle, die mit den neuen Medien einhergehen, wird durch die starke Schwarz-Weiß-Malerei hingegen erheblich erschwert. Die tatsächlichen Chancen der neuen Medien, aber auch ihre Grenzen und Gefahren, lassen sich angemessener durch eine Beschreibung der alltäglichen Umgangsformen aufweisen. Wenn die Menschen in unseren Tiefeninterviews über ihre Erwartungen und ihre konkrete Nutzung von neuen Medien berichten, dann geraten sie erst einmal ins Schwärmen. Ihre Stimmung wird oft ausgelassen oder euphorisch. Die neuen Medien scheinen die Tagträume der Menschen nach einer Steigerung ihrer persönlichen Macht zu befeuern: Das Internet verheißt ihnen den Zugang zur ganzen Welt. Die kleinschrittigen Reise- und Bildungsanstrengungen früherer Zeiten sind passé: Dank Wikipedia oder Google klären sich auf Knopfdruck komplizierteste Fragen, und Google Earth katapultiert uns bis ins All und wieder zurück und eröffnet uns ganze Welten. Suchmaschinen und soziale Netzwerke wie Facebook und Xing, Mikrobloggings wie Twitter sind Selbstbespiegelungs- und Selbstvergrößerungs-Plattformen. Viele Nutzer berauschen sich daran, Hunderte von virtuellen Freunden zu haben. Oder man googelt das eigene Ego auf, indem man seinen Namen, den seiner Familie, seiner Firma oder seines Vereins durch die Suchmaschine jagt und sich an den meist Tausenden von Einträgen erfreut.

Google – der Gott des Internets

Das Internet gilt vielen Menschen als finaler Triumph der Aufklärung, der Freiheit und der persönlichen Entfaltung. Von Menschenhand wurde ein virtuelles Paralleluniversum geschaffen, in dem keine Klassen- und Standesunterschiede mehr bestehen, in dem alle Zugriff auf alles haben. Eine entfesselte Welt, in der kein Tag-und-Nacht-Rhythmus mehr vorgegeben ist, keine Jahreszeiten und keine Sonn- oder Feiertage existieren. Ein Reich ohne Geheimnisse, in dem alles gleichberechtigt nebeneinandersteht: das kunstvolle Liebesgedicht neben den abgründigsten Perversionen, die Börsenkurse neben dem Wetterbericht. Eine regellose Welt der vollkommenen Eigenregie, in der jeder uneingeschränkt seine Geschäfte, Interessen und Tagträume vorantreiben kann.

Die Tagträume von persönlicher Entfaltung und Allmacht brauchen aber auch im Paralleluniversum Internet übermächtige Erfüllungsgehilfen. In Tiefeninterviews zum Internet werden von den Befragten fast gebetsmühlenartig immer wieder die drei milliardenschwer bewerteten Ikonen gefeiert: Google, Apple und Facebook. Die Verehrung und die gläubige Erwartung, die diesen überragenden Instanzen der virtuellen Welt zuteilwird, weist oft pseudoreligiöse Züge auf. Es scheint so, als könnten auch die Web-2.0-User nicht in einer Welt völliger Glaubensanarchie leben. Und so schaffen sie sich neue Götter.

Für viele Menschen ist Google als allmächtiger Gott des Paralleluniversums die unverzichtbare Startseite. Das tägliche Google-Morgengebet, das kurze Eintippen oder Antippen der Adresse eröffnet die persönliche Welt des Internets. Was Google nicht kennt oder preisgibt, das gilt vielen auch als nicht existent oder wahrnehmbar – es ist nicht Teil der Schöpfung. Google hat in den schier endlosen Fluten und Weiten des Webs eine Art Arche Noah gebaut, in der sich scheinbar alle Tierchen und Pläsierchen dieser Welt finden lassen, kategorisiert und in ein himmlisches Ranking platziert. Und jede Frage, die an Google gerichtet wird, kann das allwissende Orakel sogleich beantworten.

Vor allem in seinem Markenbild spielt der Konzern mit diesen Sinnbildern des Göttlichen. Da der Mensch sich bekanntlich von Gott kein Bild machen soll, präsentiert sich Google als reduktionistische weiße Seite. Der bunte Schriftzug und das Sichtfenster darunter wirken wie ein himmlisches Auge, das über den Dingen schwebt und alles sieht und erfasst. Die Illusion eines göttlichen und alles durchdringenden Blickes, dem nichts auf der Welt verborgen bleibt, bedient gerade auch Google Street View.

Die Diskussionen bei Einführung des »begehbaren« Stadtplans zeigten, dass in vielen Köpfen die Fantasie herumspukte, nun in jedes Haus schauen zu können, vielleicht sogar in die Schlafzimmer.

Der Glaube an Google lässt viele Menschen an irdischen Instanzen und Autoritäten zweifeln. Bei der Frage, wie ich gesund leben kann, welches Krankheitsbild ich habe und welche Arzneien oder Therapien mir vielleicht helfen könnten, übernimmt heute häufig der Gott in Weiß die Aufgabe des ärztlichen Halbgottes in Weiß. Google ist für viele Menschen heute eine erste, ernste und vor allem verlässliche Anlaufstelle in Sachen Gesundheit. Die rein irdische Tatsache, dass Google auch ökonomische Interessen verfolgt, die Rankings daher auch nach kommerziellen Gesichtspunkten ausrichtet und Werbung macht, wird dabei häufig übersehen. Das scheinreligiöse Bild einer neutralen, übergeordneten Instanz, auf die ich mich blind verlassen kann, soll gewahrt werden.

Apple und der Messias

Auch Apple und sein als Messias der Internetwelt gefeierter Gründer Steve Jobs bedienen religiöse Mythen. Allein das weltberühmte Firmenlogo – der angebissene Apfel – verweist auf Paradiessehnsüchte. Der Apfel versinnbildlicht den Baum der Erkenntnis, von dem der Mensch auch mit Apple kosten kann. Wer von diesem Baum isst, will so wie Gott sein. Der Traum von der möglichen Gottgleichheit ist die frohe Botschaft, die der Konzern jedes Jahr mithilfe der neuesten technologischen Errungenschaften propagiert. Und diese Botschaft wird von Apple in beeindruckenden Events oder besser gesagt Offenbarungen verkündet. Bis zu seinem Tode war es der aus dem Silicon Valley erschienene Steve Jobs, der seinen wartenden Jüngern schicke Netzgeräte schenkte, mit denen sie als Datenfischer die Welt ins Haus holen können.

Steve Jobs hat es meisterhaft verstanden, sich als moderner Messias des Paralleluniversums zu inszenieren. Die Verkündung seines neuen Testamentes des digitalen Zeitalters – geprägt von universeller Zugänglichkeit und Einfachheit, wie sie sich in dem schnörkellosen Apple-Design manifestiert – markiert den entscheidenden Wendepunkt in Jobs' Biografie. Es gelingt ihm, weltweit immer mehr zuvor Ungläubige von seiner frohen IT-Botschaft zu überzeugen, und er lässt für seine Jünger Innovationen wie Manna vom Himmel regnen: Macintosh, iMac, iPods, iPhones, iTunes und iPads.

Selbst sein Leidensweg und sein früher Krebstod wurden in den Medien wie ein christliches Märtyrium inszeniert. Schon von seiner schweren Krankheit gezeichnet, opferte sich Steve Jobs für seine Vision von einer besseren Welt auf. Die ungebrochene Faszination einer solchen Messiasgestalt, die zu Lebzeiten und auch über ihren Tod hinaus dem Menschheitstraum einer göttlichen Allmacht so nahe kam, zeigt auch der enorme Erfolg seiner autorisierten Biografie.

Konkret erlebbar wird diese Faszination jedoch bei den Apple-Geräten. Vor allem das handliche iPad repräsentiert und stützt wie kaum ein anderes technisches Gerät das Gefühl mobiler Omnipotenz. Seine Nutzer geraten geradezu ins Schwärmen, wie universell einsetzbar das kleine Tablet ist. In jeder Lebenslage – im Auto, im Flugzeug, zu Hause vor dem Fernseher oder am Strand im Liegestuhl – zeigt sich das iPad als flankierender Begleiter. Dabei haben die Nutzer das Gefühl, beinahe mit dem Gerät verwachsen zu sein, weil es sich so bequem in die eigenen Tätigkeiten einpasst. Bereits Freud wies darauf hin, dass der Mensch ein Prothesengott ist.[52] Erst Fernbedienungen, Handys,

Autos oder Turnschuhe verleihen ihm die ersehnte Wirkmacht und Reichweite. Aber durch die Erfindung des iPads ist zum ersten Mal ein Zustand erreicht, in dem der Mensch seine Prothese nicht mehr spürt.

Und in diesem Zustand werden selbst die so oft als monoaktivistisch verschmähten Männer fähig zum Multitasking. Während sie den Kleinsten das Fläschchen geben oder ihrer Frau den Rücken massieren, surfen sie im Internet oder checken ihre E-Mails. Das iPad beschert seinen Nutzern das Gefühl, einen göttlichen Zeigefinger zu besitzen. Durch bloßes Antippen oder Wegziehen öffnen sich Dateien, vergrößern oder verkleinern sich Bilder, blättern Seiten um oder verschwinden wieder. Diese Schöpfungsmagie ist Lichtjahre entfernt von dem Sähen, Jäten, Ernten und Zubereiten, das in früheren Zeiten der Nutzung eines Tabletts voranging.

Facebook – der heilige Geist der Brüder- und Schwesterngemeinde

In einer virtuellen Welt, die in scheinreligiöser Anmaßung einen Gott, einen Messias und seine Jünger produziert, soll auch der heilige Geist der Gemeinschaft nicht fehlen. Und der wird derzeit vor allem von Facebook in flammendem missionarischem Eifer getragen. Auf Facebook erwacht in profanisierter Form das religiöse Ideal einer weltumspannenden Brüder- und Schwesterngemeinde. Einer Gemeinschaft, in der sich alle mögen und für alle posten, in der in täglichen Hirtenbriefen Gefallens- und Glaubensbotschaften ausgetauscht oder Befindlichkeitsdetails und kleine Sünden gebeichtet werden. Eine Gemeinschaft, in der nicht nur das Individuum, sondern auch das Kollektiv »schillert« und gemeinsam die Ode an die Freuden des Internets anstimmt.

Während das iPad den Stellenwert einer Allmachts-Prothese besitzt, liefert Facebook den Spirit und die Programmatik der Allmacht. Unsere Studien zu Facebook zeigen drei zentrale Verheißungen, die den Hype und das rasante Wachstum des Netzwerks begründen. Erstens: Die Nutzer wollen sich als Teil dieser weltumspannenden Gemeinschaft eine virtuelle Großfamilie aufbauen. Trennungen, Alleinsein, Gefühle der Einsamkeit oder des Ausgeschlossenseins sollen überwunden werden, denn jeder bleibt immer rund um die Uhr angebunden. Jeder findet eine ebenso einfache wie verlässliche Teilhabe an einem ihn tragenden Gemeinwesen.

Zweitens ist das Gemeinwesen aber auch das Publikum für die unermüdliche eigene Selbst-Schöpfung. Mit jedem persönlichen Foto, das ich platziere, mit jedem klugen eigenen Beitrag, mit jedem Verweis auf selbst Gelesenes oder selbst Geleistetes, mit jeder ironischen Replik und selbst mit meinen gut gewählten Gefallensbekundungen gestalte ich das Wunschprofil meiner Selbst.

Durch Facebook ist der User jedoch nicht nur ein Künstler am eigenen Selbstbild, sondern er erlebt sich auch als Autor oder Herausgeber. Denn mit der kollektiven Vernetzung ist drittens die Verheißung verbunden, die eigenen Wirkmöglichkeiten ins Unermessliche zu steigern. Jeder kann mit minimalem Einsatz seinen Freundeskreis aktivieren, informieren, sensibilisieren oder begeistern. Was ich mache, was ich leiste, was mich interessiert und was mir gefällt, geht direkt als Signal oder Appell in die Welt und beeinflusst oder erzieht sie hoffentlich auch.

Der eigene Flügelschlag kann sich idealiter durch die kollektive Potenzierung zu einem gewaltigen Proteststurm steigern. So können – wie im Arabischen Frühling – Regierungen gestürzt oder skandalträchtige Unternehmen gnadenlos abgestraft werden. Facebook und Twitter avancieren daher auch zu einer Art intersozialem Gerichtshof. Sie beflügeln die mythische Hoffnung, als Einzelner die Position eines David einzunehmen: Mit seiner Meinungsschleuder kann er jeden Goliath zu Fall bringen, der sich ihm in die Quere stellt.

Die Kehrseiten des Allmachtsglaubens

Wir leben scheinbar in einer aufgeklärten Welt, die von Vernunft und rationalem Denken geprägt ist. Aber dennoch sind die Tagträume von Allmacht und weltumspannender Gemeinschaft weiterhin präsent – wenngleich oftmals im Verborgenen und ohne dass dies den meisten Menschen bewusst wird. Der naiv anmutende Glaube an die Wunderkräfte von Google, Apple und Facebook wirkt dann wie ein unvermittelter und vor allem unreflektierter Einbruch des Irrationalen in unsere rationale Welt. Aber durch diese plötzlichen Einbrüche verlieren viele Menschen die Verfügungsgewalt über ihre Sehnsüchte und Tagträume. Sie folgen häufig blind den glänzenden Verheißungen des Paralleluniversums und geraten in diffuse Zwänge und Abhängigkeiten. Auch das zeigt sich in unserer Studie zu Facebook. Die Nutzer des sozialen Netzwerks verspüren mit der Zeit die Kehrseiten der Verheißungen. Dabei erfahren sie zunehmend, dass Facebook zwei Gesichter hat. Die hochgesteckten Hoffnungen nach Gemeinschaft, Glanz und Wirkmacht drohen sich in erschöpfende Zustände des Ausgeliefertseins, des Getriebenseins und der Selbstentblößung zu verkehren.

Von der virtuellen Großfamilie gehen geheime Teilnahmezwänge aus. Wer nicht mitmacht oder einfach wieder aus Facebook aussteigt, bekommt es mit der Angst, den Anschluss an die digitale Evolution zu verpassen und auf dem sozialen Abstellgleis zu landen. Verweigerung könnte das eigene Standing im realen Freundes- oder Kollegenkreis unterminieren. Aber auch die Mitmacher fühlen sich oft in Handlungszwänge eingespannt. Wer nicht auf die Postings der Freunde reagiert, dem drohen Vorwürfe oder digitaler Liebesentzug. Das beflissene Goutieren oder Kommentieren der vielen Botschaften aus dem Freundeskreis bekommt oft den Charakter eines digitalen Frondienstes, der mitunter ein oder zwei Stunden am Tag beanspruchen kann. Viele Nutzer fühlen nicht nur an das Netzwerk angebunden, sondern angekettet.

Und sie sehen sich aufgefordert, munter mitzumachen bei der ständigen Kreation origineller Beiträge und Befindlichkeitspostillen. Sonst laufen sie Gefahr, als Langweiler dazustehen, die ein unattraktives oder an Höhepunkten armes Leben führen. Doch wer der Aufforderung nachkommt und selbst fleißig Eigenes ins Netz stellt, fühlt sich oft gar nicht wahr- oder ernstgenommen. Obwohl er über hundert Freunde hat, reagieren gerade einmal fünf auf das persönliche Lebenszeichen. Dann beginnt der Nutzer nicht nur an seinem Sozialprestige zu zweifeln, sondern auch an seiner Wirkmacht: Wie sollen ganze Regierungen gestürzt werden, wenn noch nicht einmal die engsten Freunde stutzig werden?

Die über Facebook ersehnte Macht droht sich auch gegen den Nutzer selbst zu wenden. Die Angst vor Cybermobbing wird zum Begleiter im Netz. Viele Nutzer fürchten, von anderen oder von Facebook ausspioniert oder manipuliert zu werden. Sie spüren, dass man nicht nicht kommunizieren kann. Je mehr Likings oder Postings der User vornimmt, umso mehr verrät er auch über sich selbst – getreu dem Motto »Sage mir, was Du likest, und ich sage dir, wer Du bist«. Das Auskleiden des eigenen Bildes bedeutet so auch einen Seelenstriptease vor der ganzen Welt – mit unabsehbaren Spätfolgen: Fotos, Ereignisse und Kommentare sind lebenslänglich dokumentiert und archiviert. Sie können auch nach Jahrzehnten auf den Autor zurückfallen und ihn in ein Licht rücken, das ihm dann nicht mehr behagt.

Das Bildnis des Dorian Gray

Der Hinweis auf die Schattenseiten und die Doppelgesichtigkeit von Facebook soll das Netzwerk nicht verteufeln, sondern den pseudoreligiösen Verheißungsüberschuss relativieren, der häufig mit ihm verbunden ist. Facebook kann ein tolles, inspirierendes und praktisches Medium sein. Das setzt aber voraus, dieses Medium durch eine kritische Öffentlichkeit zu kontrollieren, es für sich selbst zu domestizieren und für seine Alltagsnotwendigkeiten zu funktionalisieren. Für viele Jugendliche oder Erwachsene ist Facebook heute ein neuer und vor allem eminent praktischer Informations- und Organisationskanal, den sie neben den anderen Medien in ihren Alltag integrieren. Nicht mehr und nicht weniger. Wer aber mit Facebook seine bislang unerfüllten Tag- oder Wunschträume von totalem persönlichem Glanz, Wirkmacht und grenzenlosem Geliebtwerden verwirklichen will, gerät in ein weiteres – digitales – Hamsterrad.

Die Doppelgesichtigkeit von Facebook spiegelt nur, dass in unserer Lebenswirklichkeit alles – jedes Medium, jede Institution und jeder Mensch – Kehr- oder Schattenseiten hat. Eindimensionalität und Widerspruchsfreiheit gibt es nur im Paradies. Und der Versuch, diese Kehrseite zu leugnen und paradiesische Verhältnisse bereits auf Erden zu installieren, führt zu Formen lebensfeindlicher Überspannung und Selbstzerstörung. Das ist auch Thema von Oscar Wildes Roman *Das Bildnis des Dorian Gray,* und obwohl bereits 1891 erschienen, kann das Buch als Parabel auf Facebook gelesen werden.

Denn Dorian Gray will in seinem »Facelook« nur die strahlende digitale Seite des Lebens ausstellen und auf ewig fixieren: den jugendlichen Glanz, die Wirkmacht seines unbezwingbaren Elans und das Von-allen-geliebt-Werden. Die analoge Seite des Lebens mit ihren Krisen, Falten, Ängsten, Ohnmachtsgefühlen, Verfehlungen und Alterungsprozessen will er ausblenden und wegdrängen. Sie werden lediglich auf seinem gemalten Porträt sichtbar, das Dorian Gray zwanghaft vor sich und der Welt verborgen hält. Aber dadurch eliminiert Dorian auch die Möglichkeit, auf das einzugehen, was ihm im Gesicht geschrieben steht. Er kann nicht mehr Warnsignalen folgen oder aus seinen Krisen lernen. Niederschläge, Wunden und Narben können wie der Traum Mahnmale sein: Sie helfen dabei, dem Leben eine andere Richtung zu geben. Wird diese Selbst-Auseinandersetzung wie bei Dorian Gray dauerhaft unterbunden, wird das Leben zur ständigen und alle Kräfte verschlingenden Wiederholungsschleife. Dorian ist letztlich nur noch ein Getriebener seiner Sehnsüchte nach Allmacht und Erlösung. Seine Fixierung auf den digitalen Wunschtraum führt ihn letztendlich in einen selbstzerstörerischen Albtraum.

Die Geschichte weist außerdem auf die Gefahr der Weltfremdheit hin, die paradoxerweise heute mit dem weltweiten Netz verbunden ist: Dorian Gray schottet sein Alter Ego hermetisch von der Außenwelt ab. Er will so verhindern, dass er selbst oder andere befremdende Erfahrungen machen: Alles soll so bleiben und so erscheinen, wie man es kennt und liebt. Unsere Untersuchungen zum Internet zeigen, dass sich seine Bedeutung derzeit wandelt. Noch vor zehn Jahren fühlten sich die meisten Nutzer als Entdecker, die im Netz zu neuen und unbekannten Ufern aufbrachen. Sie waren Pioniere und Mitspieler in einer medialen Revolution, die immer wieder neue und bislang ungeahnte Möglichkeiten eröffnete. Unbegrenztes Wachstum und völlig neue Arbeits- und Lebensstrukturen waren ihre Triebfedern.

Auch heute noch gibt es diese kühnen Entdecker und Vordenker der Internetwelt. Die Mehrheit der Nutzer allerdings sucht nicht das Weite, Fremde und Neue, sondern das Altbekannte und Wohlvertraute. Das Internet mutiert mehr und mehr zu einem Individual-Kokon. Hier pflegt jeder seine immer gleichen Nutzungsroutinen und bewegt sich auf seinen ausgetrampelten Internetpfaden. Viele beschränken sich auf ihre einmal vorselektierten Domains und auf ihre Community. Aus den unendlichen Weiten branden daher immer nur die gleichen Themen, Seiten, Interessen, Meinungen auf den Nutzer ein. Und so hilft das Internet ihm dabei, täglich die ewige Wiederkehr des Gleichen zu zelebrieren.

Weltfremdheit und Umherschweifen

Die Gefahr des Internets besteht darin, dass es häufig nur noch als narzisstisches Selbstbespiegelungs- und Selbstbestätigungsmedium genutzt wird: Man dreht sich nur noch um seine eigenen Vorlieben, Hobbys und Tagträume. In Communitys und in Blogs sucht man die Bestätigung für das bereits Gewusste und Gedachte.

Der Internetpionier David Gelernter kommt zu dem Schluss: »Das Internet, wie es heute ist, ist im Grunde genommen eine Maschine zur Verstärkung unserer Vorurteile. Je größer das Angebot an Informationen ist, desto pingeliger entscheiden wir uns mitunter für genau das, was uns zusagt, und ignorieren alles andere. Das Netz gewährt uns die Befriedigung, nur Meinungen zur Kenntnis zu nehmen, mit denen wir bereits konform gehen, nur Fakten (oder angebliche Fakten), die wir schon kennen. In einer herkömmlichen Zeitung können wir zehn Texte zu zehn verschiedenen Themen lesen, während im Netz viele Menschen genau die gleiche Zeit dafür aufwenden, zehn Texte über ein und denselben Gegenstand zu lesen.«[53] Das Neuartige und Befremdliche, das Unerhörte und Nie-Gesehene bleiben somit ausgeschlossen. Und selbst den Stoff, aus dem unsere Tagträume sind, werden sich in Zukunft viele Menschen hauptsächlich über den Bilderstrom der Pornoseiten oder über die »Pleiten, Pech und Pannen«-Spots bei YouTube holen.

Früher war die Idee der Lehr- und Wanderjahre geläufig: Der Aufbruch aus der Heimat in die Fremde und Ferne sollte das Überschreiten des angestammten Erfahrungshorizionts befördern. Die Jugend sollte mit neuen Denk- und Umgangsformen in Austausch geraten und auf diese Weise neue Ideen und Entwicklungen vorantreiben. Aber heute kann jeder Mensch selbst aus den entlegensten Fernen sogleich wieder in seine angestammten Jagd- und Denkgründe zurückkehren.

Für David Gelernter ist »eines der schwierigsten und faszinierendsten Probleme unseres digitalen Jahrhunderts die Frage, wie wir dem Netz eine gewisse ›Drift‹ geben, so dass unser Blick manchmal in Gegenden abschweift, in die wir gar nicht wollten. Und mit einem Tastendruck wäre das ursprüngliche Thema wieder da. In unserem strikt materialistischen, trocken rationalen und allem Spirituellen feindlichen Zeitalter brauchen wir Unterstützung, um gelegentlich die Rationalität zu überwinden und unseren Gedanken zu ermöglichen, umherzuschweifen und sich zu verwandeln, wie sie es auch im Schlaf tun.«[54]

Die virtuelle Traumfabrik des Internets wird in Zukunft noch brillianter und scheinbar lebensechter unsere Tagträume ausstaffieren können. Die produktive und aufstörende Kraft des Träumens wird es jedoch nicht ersetzen, weil es immer nur nützlich, unterhaltsam oder programmgemäß und systemkonform agieren kann. Dadurch kann und wird es weiter unser Arbeitsleben und unsere Kommunikationsformen revolutionieren. Es wird bestehende Probleme auflösen, aber auch neue Probleme und Herausforderungen schaffen. Es ist und bleibt ein nicht wegzudenkender Bestandteil unserer Alltagsrealität, aber weder die ultimative Steigerung unseres Lebens noch dessen finaler Untergang.

Deutschland, träume!

Effizienzdiktat oder Schöpferkraft?

Die erschöpfte Gesellschaft steht gerade angesichts der weiterhin schwelenden Wirtschaftskrise an einem Scheideweg. Setzt sie weiterhin primär auf die Steigerung von Effizienz und Leistung oder auf die Förderung von Kreativität und Schöpferkraft? In den letzten Jahren hat Deutschland zunehmend auf ein Effizienzdiktat gebaut. Mehr Leistung bei möglichst niedrigen Löhnen sollte und soll die Gefahr eines Abstiegs bannen. Vor allem abstrakte deutsche Tugenden wie Fleiß, Kontrolle und Disziplin, die Bereitschaft zur Überbetriebsamkeit bis hin zum Burnout sollen gewährleisten, dass Deutschland im internationalen Leistungskonzert bestehen kann. Die sogenannte Globalisierung ist zu einem abstrakten Schreckgespenst geworden, das Unternehmen und Regierungen vor sich hertreibt. In blinder Alternativlosigkeit bestimmen rein rational-ökonomische Parameter das Handeln. Unternehmen werden restrukturiert, Hochleistungsprogramme verordnet, Abteilungen outgesourct, Produktionsstandorte verlagert, Arbeits- und Ausbildungsprozesse formalisiert und verkürzt. Vor allem setzt man alles daran, Kosten zu sparen, um sich letztlich im internationalen Wettbewerb behaupten zu können.

Dabei wird häufig übersehen, dass Deutschland neben der Fähigkeit zur Normierung und zur Effizienz eine zweite Stärke besitzt: Es kann seine eigene Unruhe über das Träumen in Schöpferkraft verwandeln. Aus der Kraft zu träumen, zu zweifeln und querzudenken erwachsen die Kreativität, die wissenschaftliche Potenz und der Erfindungsreichtum des Landes.

Aber diese eher subjektive und nicht direkt messbare Gabe oder Leidenschaft für Innovation wird zugunsten der objektiv messbaren Umsetzung von Effizienz, Kontrolle und Verwaltung vernachlässigt. Was umso seltsamer ist, weil ausgerechnet diese normierbaren und messbaren Leistungen von aufstrebenden Ländern wie China oder Indien kostengünstig adaptiert und kopiert werden können.

Allerdings kündigt sich derzeit ein Paradigmenwechsel an. Der Absolutheitsanspruch von Abstraktion und Kontrolle wird zunehmend infrage gestellt oder als seelenlose Effizienz entlarvt. Der tschechische Wirtschaftswissenschaftler und Politikberater Tomáš Sedláček kritisiert in seinem Bestseller *Die Ökonomie von Gut und Böse* eine Wirtschaft, die sich auf die rationale Logik und auf mathematische Modelle reduziert und sich dadurch selbst »blind für die wichtigsten Triebkräfte der menschlichen Handlungen« gemacht hat: »Wir haben zu viel Gewicht auf das Mathematische gelegt und unser Menschsein vernachlässigt. Das hat zu schiefen, künstlichen Modellen geführt, die uns kaum dabei helfen, die Realität zu verstehen.«[55]

Es ist schon bemerkenswert, wenn einer der vielversprechendsten ökonomischen Köpfe einräumt: »Wer nur Ökonom ist, wird nämlich nie ein guter Ökonom sein.« Mit seinem Buch über die der Wirtschaft zugrunde liegenden Ideen, Mythen und Träume will er »uns von der intellektuellen Gehirnwäsche« einer »technokratischen Welt« befreien. Er ist davon überzeugt: »Es gibt in der Ökonomie mehr Religion, mehr Mythen und Archetypen als Mathematik.«[56] Und das führt zu seiner Forderung, sich viel stärker mit unseren Träumen und unbewussten Vorstellungen zu beschäftigen: Denn »es gibt etwas, was uns vorantreibt, unsere Vernunft anregt, unserem Leben einen Zweck verleiht, einen Sinn«. Sedláček nennt diesen »mystischen Rest« in unserer rationalistisch-kausalen Weltsicht – in Anlehnung an Adam Smith – »Animal Spirits« oder den »Traum, der niemals schläft« und uns auch »im Wachleben beschäftigt«.[57]

Auch der amerikanische Internetpionier David Gelernter, der uns im vorigen Kapitel bereits begegnet ist, warnt vor einer Vereinseitigung des Denkens: »Das rationale, wissenschaftliche Denken ist gesund; wollten wir aber ausschließlich von ihm zehren, wäre das fatal.«[58] »Denn in Wirklichkeit pendelt der menschliche Geist in einem Spektrum, das an einem Ende durch die gewöhnliche Logik und am anderen durch die Traumlogik definiert ist. Die Traumlogik ist nicht weniger sinnvoll als die Tageslogik, nur folgt sie anderen Regeln. Die meisten Philosophen und Kognitionsforscher jedoch sehen nur die Tageslogik und ignorieren die Traumlogik – was nicht viel anders ist, als würde man sich die Erde mit einem Nordpol, aber ohne Südpol vorstellen.«[59]

Beide Logiken erfüllen für Gelernter ihre jeweils eigene, wichtige Funktion in einer Gesellschaft: »Um analytische oder mathematische Probleme zu lösen, um scharf nachzudenken oder logisch zu denken, müssen wir wachsam sein.«[60] Aber um kreativ zu sein und neue Lösungen zu entwickeln, ist die geringere Wachsamkeit der Traumlogik bedeutsam. Denn Kreativität ist nur möglich, »wenn unsere Gedanken zu schweifen begonnen haben«, wenn sich Einfälle und Erinnerungen überlagern oder neue verbinden. »Kein Computer wird je wie ein Mensch denken können«, und das Internet wird keine menschenähnliche Intelligenz hervorbringen können – weil beide eben nicht über diese Traumlogik des Denkens verfügen und nicht halluzinieren können.

Traumhafte Bedingungen in Alltag, Bildung und Arbeit

Eine Gesellschaft braucht die Traumlogik, um ihr kreatives Potenzial zu entfalten. Und dieses kreative Potenzial brauchen wir heute dringender denn je. Aber wie kann eine Gesellschaft Bedingungen herstellen, unter denen sie einen Bezug zu ihren Träumen entwickeln kann? Diese Frage will ich in drei Feldern verfolgen: Alltag, Bildung und Arbeit. Konkret: Wie kann ein Alltag aussehen, der einen produktiven Übergang von Traum und Tagwerk ermöglicht? Und wie lässt sich eine erfüllende Freizeit denken, die sich nicht nur in der kompensatorischen Selbstbetäubung erschöpft? Wie können wir Bildung neu denken, die geistige Beweglichkeit, Kreativität und den Mut zum Träumen fördert? Eine Bildung, die eine Sinnbegabung fördert – jenseits von Bürokratie, bloßer Wissensvermittlung und kognitiver »Betankung« unter Druck, die das Turbo-Abitur oder Bachelor-Abschlüsse fordern. Wie können Unternehmen und Arbeitsprozesse aussehen, die eher Werkstolz als Erschöpfungsstolz hervorbringen? Und die Kreativität und Innovationskraft fördern? Meine Überlegungen zu diesen drei Feldern sollen als Traumskizzen fungieren: Sie bieten keine fertigen Rezepte oder Handlungsanweisungen, sondern möchten Denkanstöße geben.

Alltag

Verflogene Zeit und Wechselmonotonie

Im Alltag begegnen uns heute drei große Traumkiller. Erstens die zunehmende Tendenz zur Gleichmacherei, also zur Gleichbehandlung oder Gleichschaltung der Wochentage. Zweitens die zunehmende Übergangslosigkeit der verschiedenen Etappen eines Tages, die ihn in ein gehetztes Stakkato von unverbundenen Aktivitäten verwandelt. Und drittens die Überprogrammierung der Freizeit. Beginnen wir beim Problem der Gleichmacherei.

Die meisten Tage laufen weitgehend gleich ab und oft bringt erst das Wochenende eine spürbare Abwechslung in die Woche. Viele Menschen haben daher das Gefühl, die ewige Wiederkehr des Gleichen zu erleben. Das lässt sie den Eindruck gewinnen, dass die Zeit immer schneller hinwegrast und ihnen durch die Finger rinnt. Und häufig bemerken wir verwundert, dass schon wieder Wochen oder gar Monate verflogen sind. Psychologisch betrachtet ist die Zeit jedoch gar nicht so flüchtig, wir schlagen sie systematisch in die Flucht bzw. »vertreiben« sie buchstäblich. Denn im tiefsten Inneren haben wir oft Angst vor der Schicksalsdramatik, vor der Ungewissheit und den Risiken, die sich in der Zeit eröffnen können.

Um diese Angst zu bannen, steigen wir ins alltägliche Hamsterrad. Denn dieses bietet uns weitgehende Erwartungssicherheit. Wir sind also nicht nur Opfer der Verhältnisse, sondern haben auch etwas davon: Denn die Zeit kreist in unseren automatisierten Alltagsabläufen in den immer gleichen Bahnen und verliert dadurch ihre beunruhigende Unwucht. Wir haben das sichere Gefühl, dass nichts Unvorhergesehenes oder Aufstörendes passieren kann. Wenn alles gleich und automatisiert abläuft, brauchen wir auch keine Träume, die uns einen Richtungswechsel oder eine Verlagerung unserer Lebensschwerpunkte nahelegen.

In Kindertagen war unser Zeiterleben jedoch ganz anders. Wir haben uns in naiver Hingabe der Schicksalsdramatik der Zeit überlassen und sie im Guten wie im Schlechten ausgekostet. Im Wechselbad der Gefühle kippten wir ständig zwischen himmelhochjauchzender Euphorie und tränentreibender Betrübnis. Als Jugendliche stürzten wir uns in die Abenteuer der

Verliebtheit und genossen ihre bebenden Aufschwünge und ihre bittere Schmerzlichkeit. Der Spannungs- und Entwicklungsreichtum dieser Lebensabschnitte dehnte die Zeitwahrnehmung und schaffte Freiraum für unsere Träume. Viele von uns können noch heute stundenlang von diesen Zeiten erzählen.

Aber mit zunehmendem Alter versuchen wir die Spannungsdramatik der Zeit einzuebnen. Wir opfern das Risiko der Weiterentwicklung der Erwartungssicherheit. Aus gutem Grund bezeichnete Sigmund Freud die festen Triebbahnen, die wir im Leben aufbauen, als »Zwischenstationen auf dem Weg zum Tode«. Wir wollen schon vor der ewigen Ruhe einen ausgeglichenen Ruhezustand herstellen – auch wenn er durch die permanente aber gleichförmige Hektik oder Wechselmonotonie der Überbetriebsamkeit geprägt ist.

Dem Problem der Gleichmacherei lässt sich am besten durch eine Rhythmisierung der Woche begegnen, die jedem Tag wieder seine besondere Bedeutung und sein spezifisches Gewicht in der Woche verleiht. Können wir in unseren alltäglichen Schöpfungsgeschichten die Woche nicht nur als eine beliebige Aufeinanderfolge von Tagen, sondern als ein komplettes Werk gestalten – ein Werk mit sieben unterschiedlichen Wendungen oder Entwicklungsstufen, die sinnvoll aufeinander aufbauen; ein Werk, dem eine eigene Dramatik innewohnt und auf das wir am Ende der Woche auch stolz sein können?

Eine Studie der rheingold-Akademie[61] zeigt, dass im kollektiven Bewusstsein der Menschen jeder Wochentag (noch) einen Bedeutungskern besitzt. Der Montag wird dabei häufig unterschätzt, der Sonntag eher überschätzt.

Dem Montag haftet zwar die Beschwerlichkeit des Neuanfangs an, aber er bringt auch einen Lichtblick in die Woche. Die scheinbare paradiesische Heimeligkeit und Tatenlosigkeit des Sonntags ist verflogen, und in die anfängliche Montagsenttäuschung mischt sich die Chance, eine neue Woche nach eigenen Vorstellungen zu planen und zu gestalten. Wir sind dem Montag dankbar, dass er den Anfang macht. Er eröffnet die Freiheit, kraftvoll einen »Montage-Plan« für die ganze Woche zu erstellen, der der wiedererwachten Tatenfreude Rechnung trägt. Dabei kann der Montag von den träumerischen Freiräumen und den erwachten Ideen des Wochenendes profitieren und der neuen Woche ein anderes, vielversprechendes und selbstbestimmtes Gepräge geben.

Der Dienstag hingegen ist der unauffälligste Tag der Woche. Er stellt sich buchstäblich in den Dienst der am Montag geplanten Entwürfe. Wie ein fleißiger Sacharbeiter erledigt er in aller Stille und relativ widerstandslos seine Aufgaben. Der Dienstag ist nicht der Tag, um neuen Träumen nachzugehen oder persönliche Beglückungen zu verwirklichen. Er findet seine Erfüllung darin, zugewiesene Aufträge entschieden umzusetzen und kontinuierlich wegzuarbeiten.

Im Vergleich zum eher unscheinbaren Dienstag ragt der prägnante Mittwoch aus der Woche hervor. Am Mittwoch feiert die Woche ein Art Berg- oder Richtfest. Die Hälfte des gesetzten Wochenpensums ist jetzt bereits erfüllt. Vom Gipfelpunkt des Mittwochs lässt sich die ganze Woche überschauen. Mit Blick auf das bereits Geleistete zieht er eine erste vorläufige Bilanz und nimmt gegebenenfalls Kurskorrekturen vor. Gleichzeitig ist schon das Wochenende in Sichtweite. Die eigene Unternehmungslust wird wieder geweckt, Träume kommen auf, wie man von seinem anstrengenden Wochentrip runterkommen und wieder ein freieres Leben führen kann.

Der Donnerstag vollzieht einen atmosphärischen Umschwung, der sich bereits am Mittwoch angekündigt hat. Die Änderung der Wochengroßwetterlage und die aufkommenden Hochgefühle führen angesichts der fortdauernden Verpflichtungen häufig zu Zwistigkeiten oder Zerwürfnissen – zum Donnerwetter. Die Betriebsamkeit wird sinnbildlich zugunsten einer Betriebsversammlung unterbrochen. Müde und aufgekratzt geht der Donnerstag der Frage nach, welches Pflichtpensum wirklich noch erledigt werden muss oder welche kleinen Freiheiten und Abwechslungen jetzt bereits erlaubt sind. Die im Kino am Donnerstag neu anlaufenden Filme sind eine Art Traumfanal für die bisher unerfüllt gebliebenen Lebensmöglichkeiten der Woche.

Der Freitag hat meist eine befreiende und euphorisierende Qualität. Die Woche befindet sich auf der Ziellinie und ein beglückendes Gefühl des Entspannens und Loslassen-Könnens durchflutet den Tag. Mit dem Freitag wächst die Bereitschaft, fünf gerade sein zu lassen, sich Freiräume und Flexibilität zu verschaffen. Um den unerledigten Ballast soll sich doch der nächste Montag kümmern! In der Freude über die überwundenen Anstrengungen gehen selbst Restarbeiten flüssiger von der Hand. Alles soll jetzt freier und fließender werden: Karibik statt Akribik lautet die Devise. Beim Großeinkauf proviantiert man sich schon für das Wochenende. Und die noch verbliebenen Verstimmungen und Verspannungen der Woche sollen durch die Comedy-Formate im Fernsehen oder durch Bier und Wein weggeschwemmt werden.

Mitunter muss dann der Samstag die Katerstimmung vom Freitag auffangen und ausbaden. Bevor jetzt alle Dämme brechen, hat er die Funktion eines Überlauf- oder Auffangbeckens der Woche. Den Wünschen nach Freiheit kommt er durch Ausschlafen und gemütliches Frühstücken nach. Aber oft meldet sich dann die Unruhe der Woche. Ein schlechtes Gewissen kommt auf und man kümmert sich um die übrig gebliebenen Reste der Woche: Besorgungen werden gemacht, in Haus oder Garten wird gewerkelt, Arbeiten vollendet. Im übertragenen Sinne kehrt man den Weg frei für einen ungestörten Sonntag. Aber diese geschäftige Logik vollzieht sich hier selbstbestimmt nach den eigenen Regeln und Rhythmen. Der mitunter am Samstag aufkommende Ärger darüber, dass man sich weiter mit Alltäglichem abplagt, soll durch Selbstbelohnungen verfliegen. Sport-Events, Treffen mit Freunden, Feste oder gemeinsames Ausgehen können dem Samstag zu rauschhaften Höhepunkten verhelfen.

Der Sonntag ist die Endstation Sehnsucht der Woche: die finale Steigerung und der Untergang der Wochenpläne und Träume. Der Sonntag birgt die große Verheißung, dass endlich alles möglich, aber nichts wirklich nötig ist. Am Vormittag geht der Sonntag mit seinen Freiheiten entspannt um. Der Sonntag macht das Gleiche wie der Wochentag – nur ausgedehnter: länger schlafen, länger duschen, länger frühstücken, länger lesen. Und irgendwann naht die Mittagszeit, die eine dramatische Zuspitzung in den Sonntag bringt. Highnoon – was nun? Einerseits will man sich weiter alle Möglichkeiten offenhalten, andererseits aber auch etwas Besonderes bewerkstelligen. Dummerweise opfert man durch jede Festlegung die Freiheit und die Vielfalt der berauschenden Optionen. Wenn man aber brachliegt und sich nur in seinen Optionen wälzt, dann vertändelt man die Chance, etwas Besonderes zu erleben.

Oft gerät man in einen unentschiedenen Zwischenzustand, der zu Streitereien oder persönlichen Bestandsaufnahmen führen kann. Wie in einem Traum kann in dieser oft lähmend anmutenden Auszeit ein neues Bild entstehen, das dann für einen persönlich wichtig und bedeutsam ist. Häufig jedoch wird dieser Zwischenzustand zugunsten kleinerer Unternehmungen aufgegeben, die einem das beruhigende und wichtige Gefühl vermitteln, aus diesem Tag doch irgendetwas gemacht zu haben. Mit dem abendlichen *Tatort* lässt man symbolisch auch die alte Woche sterben. Man richtet sich auf den Montag ein, an dem man wieder klein und neu anfangen kann.

Die Rhythmisierung der Woche verhindert, dass der Alltag zu einer alle und alles erschöpfenden traumlosen Endlosschleife wird. Sie befreit uns zwar nicht von den Spannungen und Widersprüchen des Lebens. Sie macht sie jedoch wahrnehmbar und eröffnet die Chance, sein Leben neu auszurichten. Wir sollten sie daher umso mehr fördern und hervortreten lassen, statt uns der Gleichmacherei zu ergeben. Die Bestrebungen, auch den Sonntag zum normalen Werk- oder Einkaufstag zu machen, fördern die abstrakte Gleichmachungstendenz der Kultur und die Dauerflucht in eine besinnungslose Betriebsamkeit.

Dehnungsfugen und die Überwindung des täglichen Stakkato

Veränderungsprozesse und neue Träume entstehen nicht durch die Standardisierung des Alltags, sondern dadurch, dass die Eigenlogik der Tage gestärkt wird; und dadurch, dass Übergänge im Alltag geschaffen werden. Denn die ununterbrochene Aneinanderreihung von Daueraktivitäten verhindert Momente des schöpferischen Innehaltens. Diese Übergänge erfüllen eine ähnliche Funktion wie Dehnungsfugen: Sie puffern die verschiedenen Handlungen ab und verbinden sie miteinander.

Bereits das morgendliche Weckerklingeln kann ein ultimatives Fanal sein, das uns abrupt aus unseren Träumen verscheucht. Es kann aber auch vor der morgendlichen Generalmobilmachung einen schwebenden Zwischenzustand einläuten, in dem wir noch einige Minuten herumspinnend verweilen. Die Traumreste, die wir schemenhaft erinnern können, werden in Tagträumen weiter versponnen, die den ganzen Tag grundieren können.

Eine wichtige Zwischenstation auf dem Weg vom Traum zum Arbeitstag ist für viele die morgendliche Dusche. Unter der Dusche kosten wir nochmals einige Momente eines traumhaften Verfließens aus. Das warme Wasser, das wohlig an uns herabgleitet, ersetzt für einen innigen Moment die Bettdecke. Wir überlassen uns einem Strom von Träumereien und Ideen, vergessen Zeit und Raum und verschmelzen mit dem fließenden Wasser – bis wir uns selbst aus diesem schwerelosen Schwebezustand durch kalte Güsse oder eine gründliche Abreibung vertreiben.

Auch das Frühstück könnte zu den wichtigen Ritualen des Zu-sich-Kommens und des Neubesinnens zählen. Es wird aber meist aus Gründen der Zeitökonomie auf einen banalen Vorgang der Nahrungs-und Flüssigkeitsaufnahme reduziert, den man auch unterwegs in der Bahn oder im Auto verrichten kann. Das Frühstück könnte jedoch einen Puffer, ein eigenes Reich zwischen Tag und Traum eröffnen. Beim Tischgespräch mit unseren Partnern oder Kindern finden wir den Raum, dem Verwunderlichen oder Befremdlichen unserer Träume nachzugehen. Die privaten Deutungen, die wir oft kostenlos von anderen erhalten, bieten uns dabei Reflektionsproviant, von dem wir am Tage immer wieder zehren können.

Neben den privaten Erzählungen kann auch die morgendliche Zeitungslektüre beim schwierigen Übergang zwischen Traum und Tag helfen. Bereits durch ihr stets gleiches Erscheinungsbild schafft die Zeitung Vertrauen in den Tag: Egal was rund um den Globus passieren mag – solange die Zeitung noch ihr vertrautes Gesicht hat, scheint die Welt noch in Ordnung zu sein. Wir breiten die Zeitung morgens nicht nur wie eine Schutzwand vor uns aus, sondern wir breiten in der Zeitung auch die traumhaften und verrückten Seiten unserer Wirklichkeit aus. Das Abgründige, Perverse oder Verkehrte zieht nicht nur den *Bild*-Leser in seinen Bann. Die Unfälle und die persönlichen Entgleisungen, die Ehekriege, die Scheidungen und die neuen Lieben, die Glücksfälle und die Katastrophen setzen die Traumlogik fort: Sie führen uns erneut das gesamte Spektrum seelischer Entwicklungsmöglichkeiten vor Augen – vom höchsten Triumph bis zum persönlichen Niedergang.

Und erst nachdem wir dieses Reich des Möglichen ausgekostet haben, wenden wir uns dem politischen oder wirtschaftlichen Tagesgeschäft zu. Auch hier folgen wir nicht akribisch der vorgegebenen Reihenfolge, sondern unseren privaten Befindlichkeiten. Aus dem riesigen Flickenteppich Zeitung mit seinen Hunderten von Artikeln und Meldungen picken wir uns unbewusst die Beiträge heraus, die ein zentrales Lebensthema oder ein für uns aktuelles Tagesthema aufgreifen.

Mut zum Müßiggang statt Kreuzzug gegen Langeweile

Aber all diese Dehnungsfugen und Übergangsmomente werden mehr und mehr aus unserem Alltag eliminiert – zugunsten einer sauberen Aufspaltung in Arbeit und Freizeit. Die Arbeit soll effizient und freudlos sein, die Freizeit hingegen befreiend und beglückend. Dadurch wird die Freizeit jedoch mit Paradiesträumen überfrachtet.[62] Sie erscheint als Leerstelle, die unbedingt mit exquisiten Erlebnissen und Events gefüllt werden muss. Die Folge ist oftmals eine Überprogrammierung der Freizeit, die wiederum in Stress ausartet. Der Modus der besinnungslosen Betriebsamkeit bleibt so auch in den freien Stunden aufrechterhalten. Durch unseren selbstgemachten Freizeitstress torpedieren wir aber die Rhythmik von Innehalten und Betriebsamkeit. Schöpferische Pausen, die es ermöglichen, anders zu werden, bleiben aus.

Lange genug wurde in Deutschland das Anderssein tabuisiert oder ausgegrenzt: Behinderung, Homosexualität, Religion, »Rasse« oder Kulturzugehörigkeit. Diese Zeiten sind Gott sei Dank weitgehend vorbei. Aber heute wird häufig das Anderswerden tabuisiert, das heißt die Verfassungen, die einen Übergang oder Wandel fördern: Träumen, Zweifeln, Trauern, Altern, Studieren, Müßiggang, Langeweile, Genießen[63] oder zielloses Umherschweifen. Mit dem Unberechenbaren dieser offenen Zustände bannen wir auch den Nährboden für neue Ideen und neue Entwicklungen. Doch bereits Egon Friedell stimmte in seiner *Kulturgeschichte der Neuzeit* einen Lobgesang auf sie an: »Selig sind die Stunden der Untätigkeit, denn in diesen Stunden arbeitet unsere Seele.«

Aber diese Stunden lassen wir nicht aufkommen. Wir führen einen Kreuzzug gegen die Langeweile, der aber letztendlich nur rasenden Stillstand und Erschöpfung produziert. Dagegen steht das Ideal einer freigestellten Zeit, die wirklich offen und unverplant ist. Das setzt aber voraus, dass wir den Terminkalender radikal entschlacken und uns Leerstellen im Tageslauf eröffnen, in denen wir uns vom sonst üblichen Verwertungs- und Perfektionsdiktat freimachen.

Phasen des ziellosen Herumstreunens, des selbstvergessenen Kramens und Schmökerns, des Dösens oder des Aus-dem-Fenster-Schauens können uns in einen gelockerten Modus bringen – ebenso Spaziergänge ins Nirgendwo, der planlose Stadtbummel oder der Besuch eines Flohmarktes, der uns wieder mit den Bildern und Interessen unserer Vergangenheit konfrontiert. Verblichene Lebensträume können wieder aufscheinen, wenn wir in Erinnerungen kramen, alte Fotos durchsehen oder frühere Freundschaften wiederaufleben lassen.

Aber diese Phasen des Müßiggangs erfordern in erster Linie den Mut zum Übergang. Man muss bereit sein, einen Sprung ins Ungewisse zu vollziehen. Einen Sprung, der uns vielleicht mit abgründigen und wenig geliebten Seiten konfrontiert, der aber vielleicht auch die Leidenschaft belebt, die wir als Kind verspürt haben, wenn wir Dingen gefolgt sind, die uns wirklich gepackt und begeistert haben.

Bildung

Die Vereinseitigung der Bildung

Das Wort Bildung klingt im Deutschen eigentlich sehr traumanalog, denn Bildung verheißt kein Ergebnis, sondern einen ausgedehnten Prozess, der von einem Bild ausgeht, das weiterentwickelt und ausgestaltet wird. Man kann Bildung als eine Schlüsselqualifikation begreifen, Träume zu fundieren und sie zu veredeln. Bildung befähigt den Menschen, einen Weg zu beschreiten, wie man Fantasie in Schöpferkraft und tragfähige Werke verwandeln kann.

Das Turbo-Abitur und die Master- und Bachelor-Studiengänge sind jedoch Ausdruck eines radikal vereinseitigten Bildungsideals der Effizienzgesellschaft. Denn Bildung wird heute sehr stark verkürzt auf die Aneignung von Wissen und bestimmten Fertigkeiten. Der zentrale Traumkiller in der Bildung ist, dass sie hauptsächlich als ein zu erzielendes Ergebnis und nicht als ein Prozess betrachtet wird. Genau definierte und genormte Inhalte oder Kompetenzen sollen »gelernt« werden und bei einer Prüfung abrufbar sein. Dabei gibt ein digitales Ideal die Orientierung vor: Wissen lässt sich in dieser Sichtweise in unendlich viele kleine Bits ausdifferenzieren. Und in der Konsequenz gibt es natürlich richtige oder falsche Antworten, die man wie bei Google möglichst exakt, vollständig und vor allem schnell erhalten kann.

Der Schüler oder Student wird im Grunde als eine Art Such-die-Antwort-Computer betrachtet. Er wird daran gemessen, wie viel Wissen er tatsächlich wiedergeben kann und wie flott und fehlerlos ihm das gelingt. Mit der Normierung der Bildung geht der Anspruch der Vergleichbarkeit einher. Die Bildung soll in einen messbaren Wert verwandelt werden. Durch die weitgehende Standardisierung von Prüfungen – Stichwort Zentralabitur – versprechen sich nicht nur die Kultusminister die Entwicklung eines möglichst objektiven Messwerts für den persönlichen Bildungsstand. Dadurch nähert sich die Bildung einem Denken in Güteklassen an – wie bei Eiern oder Tomaten.

Diese Entwicklung ist vor allem durch das schlechte Abschneiden von Deutschland in der ersten PISA-Studie dynamisiert worden. Der »PISA-Schock« hat zu einer Überkompensation geführt: Bildungserfolg wurde weitgehend auf den Erfolg bei der Leistungsmessung reduziert. Leitend dabei war die Frage, wie man möglichst viel Wissen in möglichst kurzer Zeit in die Köpfe der Schüler bekommt. Um es mit einem Kalauer auszudrücken: PISA hat auch eine Tendenz zum Pisacken gefördert. Aber durch die digitale Verkürzung und Normierung der Bildung auf Wissensakkumulation wird nicht das traumanaloge Denken gefördert, dass ja letztlich eine Grundvoraussetzung für die Herausbildung von Kreativität und Innovationskraft bildet. Dabei stellt Letztere gerade für Deutschland im internationalen Vergleich einen Wettbewerbsvorteil dar. Die bloße Wissensaneignung ist nicht schöpferisch, sondern erschöpft sich oft in einer Prüfungsbulimie: Die Stoffmassen, die der Lernende in Rekordzeit in sich hineingefressen hat, werden zum Prüfungstermin ausgekotzt und sind danach auch nicht mehr verfügbar.

Bildung gründet sich aber nicht in isolierten Fähigkeiten und spezialisiertem Wissen, sondern in einem übergreifenden Bild vom Leben. Und dieses Bild gibt uns anschauliche Antworten auf grundsätzliche Fragen: Wohin will ich im Leben? Was begeistert mich? Wofür will ich mich einsetzen und mich befähigen? Das Bild ist der Ausgangspunkt des Entwicklungsprozesses. Und normalerweise haben bereits Kinder oder Jugendliche ein solches Bild, das sie antreibt und ihrem Streben eine Richtung weist. Eine Fremdsprache lernen sie einfacher und bereitwilliger, wenn sie sich vorstellen können, in das Land zu ziehen, in dem diese Sprache gesprochen wird, oder wenn die große Liebe in diesem Land lebt. Für die Fragen der Biologie, der Philosophie oder Chemie begeistern sie sich, wenn sie das Leitbild haben, einmal Arzt oder Forscher zu werden. Bildung ist dann kein temporärer Dressurakt, sondern ein lebenslanger Prozess der Ausdifferenzierung und Modellierung eines gelebten Bildes. Fehlt dieses Bild, so werden wir wahllos in der Akkumulation unserer Fähigkeiten. Selbst dann, wenn wir scheinbar alle Kompetenzen perfekt beherrschen, wissen wir nicht, ob sie in unserem Leben bestehen können und ob ihr Fundus wirklich ausreicht.

Bildung bedeutet aber auch, dass wir eine persönliche Haltung zur Welt und zum Leben entwickeln. Und diese Haltung nutzt uns mehr als alles Wissen, denn sie stattet uns mit einem flexiblen Prozess-Rüstzeug aus, wie wir Herausforderungen begegnen oder mit Rückschlägen umgehen können. Denn die Zeit der Ausbildung und auch das Forscher- und Arbeitsleben führen uns immer wieder in dramatische Prozesse des Gelingens und Scheiterns. Leidenschaft, der Mut zur Lücke, nie versiegende Neugier, das produktive Zweifeln oder die fröhliche Wissenschaft können eine solche Haltung charakterisieren. Wenn es in der Schule oder in der Universität gelingt, eine solche Haltung zu fördern – oder sie zumindest nicht durch sinnlose Wissenseintrichterung, Formalisierungen oder Disziplinierungen zu sabotieren –, ist viel gewonnen.

Der Lebenswert der Bildung

Bildung ist hochgradig individuell, beweglich und prozessorientiert. Denn Bildung bedeutet, dass wir uns in Problemlösungsstrategien einüben. Dazu braucht man Zeit und Umwege. Und vor allem Lehrer, die sich mit uns auf eine abenteuerliche Expedition ins Neuland begeben. Lehrer, die nicht bereits alles wissen oder zu wissen vorgeben, sondern die bereit sind, sich gemeinsam mit ihren Schülern auf die Suche zu begeben. Lehrer, die nicht mit ihrer Bildung abgeschlossen haben, sondern neugierig und offen bleiben und bereit sind, sich immer wieder selbst infrage zu stellen.

Die richtigen Fragen zu formulieren, das so scheinbar Selbstverständliche nicht für selbstverständlich zu halten, das Fantasieren und das Transformieren bringen uns weiter als reines Faktenwissen. Kreativität entsteht nicht innerhalb der immer enger gesteckten Grenzen der Fachdisziplinen, sondern nur durch konsequente Grenzüberschreitung – durch den neugierigen Blick über den Tellerrand. Auch in scheinbar streng rationalen Fachgebieten wie der Wirtschaftswissenschaft: »Wir müssen über die Ökonomie hinausgehen und ihre Glaubenssätze erforschen, das, was sich ›hinter den Kulissen‹ abspielt. Von unseren Philosophen, Mythen, Religionen und Dichtern können wir mindestens ebenso viel ökonomische Weisheit lernen wie von den strengen, exakten, mathematischen Modellen für ökonomisches Verhalten.«[64]

Bildung gründet sich aber auch in einer Liebe zur Sache und dem Prozess. Bildung lässt sich nicht formalisieren. Erst, wenn wir in ein Gebiet eintauchen, uns mit ihm vertraut machen, entstehen Interesse und Anteilnahme. Stoff, der nur im Hinblick auf eine Prüfung Relevanz besitzt, bleibt uns hingegen fremd. Man stopft ihn zwar in sich hinein, findet aber keinen Geschmack an ihm und will später auch nicht mehr davon kosten. Die Liebe zur Sache wird im Idealfall von Lehrern und Ausbildern vorgelebt und kann in Schule, Lehre oder Universität sogar zu einem gemeinsamen Band zwischen Lehrenden und Lernenden werden.

Dieses gemeinsame Band wird im Unterricht weitergeknüpft, fordert aber auch ein ganz anderes Verständnis von Prüfungen. Vor allem mündliche Prüfungen brauchen sich nicht in einer standardisierten Leistungsmessung zu erschöpfen. Sie können die Entwicklung eines gemeinsamen Werkes initiieren. Der Prüfling reproduziert dann kein Wissen, sondern er produziert im Austausch mit dem Prüfer eine Problemlösung, eine Fragestellung, einen Diskurs oder ein Werkstück. Bewertet wird dann nicht nur das Ergebnis, sondern vor allem der Entwicklungsprozess.

Bildung, verstanden als schöpferischer Prozess, mündet in der Befähigung, Sinnzusammenhänge erkennen zu können oder Muster ausfindig zu machen. Erst wenn man den Bauplan einer Sache durchdrungen hat, wenn man die Konstruktion eines Motors oder eines Kunstwerks verstanden hat, lässt sich diese Sache bearbeiten, reparieren, modifizieren, optimieren oder weiterentwickeln. Die Dinge zu erkennen, ist daher für eine Gesellschaft, die kreativ und erfindungsreich sein will, wichtiger, als die Dinge bloß zu kennen. Kapieren ist bedeutsamer als Kopieren. Diese Fähigkeit kann auch jenseits der Bildungseinrichtungen gefördert werden: auf Reisen, im Ferienlager, in der Freizeit, in der Wohngemeinschaft, in den Vereinen oder in sozialen Aufgaben. Der Perspektivwechsel steigert den Erkenntnisgewinn. Aber dazu brauchen die Schüler, Auszubildenden und Studenten in Deutschland weder Turbo-Ausbildung noch mentale Unter-Druck-Betankung, sondern Muße, Freiräume und die Zeit zu träumen.

Arbeit

Werkgesinnung oder Goldregen?

Traum und Arbeit gelten gemeinhin als Antipoden. Das sind sie aber nicht. Es gibt zwar eine Vielzahl von mechanisierten Arbeitsprozessen, die traumfern sind; sie sind für den Menschen jedoch nur aushaltbar, wenn er seine monotonen Tätigkeiten durch flankierende Tagträume dramatisiert. Für alle Arbeitsprozesse, die auf Kreativität oder Innovation abzielen, ist das traumanaloge Denken, das wir ja bereits als einen schöpferischen Akt charakterisiert haben, ohnehin unverzichtbar.

Dennoch besteht nach wie vor eine starke Tendenz, den Produktionsfaktor Träumen aus den Arbeitsprozessen zu eliminieren. Dabei lassen sich drei Traumkiller unterscheiden: die Formalisierung von Arbeitsprozessen; die Normierung oder Standardisierung von Abläufen, Arbeitsplätzen oder Mitarbeitern, um eine Anschlussfähigkeit zu gewährleisten; und der Wechsel von einer Werk- zu einer Renditeorientierung, mit dem wir jetzt auch beginnen werden.

Arbeit braucht natürlich eine Renditeorientierung, ebenso wie eine ökonomische Effizienz. Aber die Vereinseitigung des Wertes der Arbeit auf diese Faktoren führt zum Pech. Das veranschaulicht das Märchen von Frau Holle, das wir bereits im achten Kapitel betrachtet haben. Die Ausformungen der Goldmarie und der Pechmarie kann man ebenso als zwei Etappen im Arbeitsleben der Marie verstehen: In der ersten Etappe ist die Arbeit von einer Liebe zur Sache geprägt. Sie findet in den Betätigungen selbst – im Rütteln der Bäume oder im Schütteln der Betten – Bestätigung, Befriedigung und ein gutes Auskommen. Sie weiß gar nicht, dass sie dafür auch noch mit einer goldenen Rendite buchstäblich überschüttet wird.

In der zweiten Etappe verkehrt sich jedoch diese Freude an einem Tun an sich. Marie weiß jetzt um den bestehenden Lohn und fokussiert sich allein auf ihn. Sie tut die Dinge nicht mehr um ihrer selbst willen, sondern weil sie ein finales Glanzbild vor Augen hat. Die Arbeit wird zu einer leider notwendigen Vorleistung, um endlich an Gold und Glanz zu gelangen. Damit schwindet aber Maries Werkgesinnung. Sie verliert die Freude an ihrer Arbeit. Sie geht nicht mehr in ihren Aufgaben auf, sondern erledigt sie eher lustlos, schematisch oder widerwillig. Die Dramatik der Arbeit besteht dann nur noch in der Frage, ob der Goldregen tatsächlich eintritt und wie üppig er dieses Mal ausfällt. Selbst wenn sie letztlich doch weiter mit Gold überschüttet wird, bleibt das Pech eines unbefriedigenden und unerfüllten Arbeitslebens an ihr haften.

Viele Arbeiter, Angestellte und Manager kennen diese Verkehrung aus ihrem eigenen beruflichen Werdegang. Die Arbeit, die man einst mit Enthusiasmus, mit Leidenschaft, mit Sorgfalt oder Pioniergeist betrieben hat, wechselt ihren Charakter. Sie mutiert zu einem erschöpfenden und traumlosen Kreislauf von immer höheren Renditezielen, die zu immer höheren Planzielen und Leistungsvorgaben führen. Wichtig ist jetzt vor allem, dass die Performance stimmt und die vorgegebenen Leistungsparameter erreicht werden. Oft wird gar nicht mehr werkbezogen gearbeitet, sondern viel Zeit wird in die Leistungsdokumentation investiert. Schließlich soll den Vorgesetzten oder Kollegen durch die akribische Zusammenstellung von Statistiken, Bilanzen, Rechenschaftsberichten, Stundenzetteln oder Tätigkeitsprotokollen demonstriert werden, dass man seine Planziele erfüllt hat oder im Begriff ist, sie zu erfüllen.

Zeitoffenheit und Projektbegeisterung

Natürlich sind auch Planziele und ein Controlling wichtig für die Optimierung von Arbeitsprozessen. Aber wenn sich die Arbeit darin erschöpft, verkümmern die Freude, die Kreativität und die Innovationskraft. Die Formalisierung der Arbeit scheint aber heute manchmal beinahe wichtiger zu sein als die Arbeit selbst. Immer mehr Zeit wird in die Kontrolle oder die Aufsicht, in die Verwaltung und Dokumentation der Arbeit investiert. Eigener Werkstolz kann mitunter gar nicht mehr aufkommen, weil die konkrete Ausgestaltung oder Erledigung von Projekten an andere Abteilungen oder Dienstleister delegiert wird. Wenn der Arbeitsalltag irgendwann hauptsächlich in formalen Aufsichts- oder Verwaltungspflichten und in koordinierenden Meetings besteht, geraten die Mitarbeiter in eine dramaturgische Unterversorgung.

Die Folge ist dann oft die Flucht in Ersatz-Dramatisierungen. In betrieblichen Intrigen oder Sandkastenspielen – wie in der Fernsehserie *Stromberg* ziemlich realitätsnah vorgeführt – wetteifern die Mitarbeiter um die Wertschätzung des Chefs oder die Gunst der Kollegen. Erfolgserlebnisse erleben sie lediglich in virtuosen Flirts, in kreativen Ränkespielen oder strategisch versierten

Hahnenkämpfen. Die persönlichen Tagträume von Macht und Liebe werden dann jenseits der formalen Pflichten ausagiert und füllen die verspürte Sinnleere.

Viele Mitarbeiter verlagern ihre eigene Kreativität und ihren Erfindungsreichtum in ihr Privatleben, in ihre Hobbys oder Interessen, in Gartenarbeit oder Heimwerken. Ihnen geht es dann oft wie Willy Loman, der Titelfigur in Arthur Millers Theaterstück *Tod eines Handlungsreisenden*: Von ihm heißt es, in seiner selbst gezimmerten Veranda stecke mehr von seiner Persönlichkeit als in all seinen Abschlüssen.

Arbeit, die das traumanaloge Denken und damit Kreativität und Innovation fördert, braucht ganz andere Bedingungen: Zeitoffenheit, Projektbegeisterung und produktive Verrücktheit. Wer ständig nur selbst- oder fremdgesetzten Kurzfristzielen hinterherhetzt, kann keine unternehmerischen Visionen oder Strategien mehr entwickeln. Wer mehr als acht Stunden täglich am Arbeitsplatz verbringt, sollte mit Gehaltsabzug bestraft werden, weil er Raubbau an seiner Kreativität betreibt. Er hat kaum noch die Möglichkeit, Anregungen von außen aufzugreifen, und läuft Gefahr, betriebsblind oder weltfremd zu werden, weil er nicht mehr in Austausch mit völlig anderen Menschen gerät: mit Handwerkern, Künstlern oder Sozialarbeitern, die ganz anders auf die Welt blicken. Und er hat nicht die Zeit, seine Hobbys und Interessen zu pflegen und damit ein inspirierendes Spannungsfeld zu seinem Beruf aufzubauen.

Projektbegeisterung oder eine Werkgesinnung kommen auf, wenn die Mitarbeiter nicht nur formalisierte oder spezialisierte Planziele erfüllen müssen, sondern an einem gemeinsamen Projekt beteiligt werden. Das setzt aber voraus, dass ein übergreifendes Leitbild vom Sinn des Unternehmens und eine damit verbundene Mission überhaupt existieren. Und dass es Manager, Vorgesetzte oder Unternehmensführer gibt, die nicht in erster Linie ihrer Karriere, sondern dem Unternehmen verpflichtet sind. Als Visionäre oder leidenschaftliche Vorkämpfer können sie einen Geist ins Unternehmen bringen, der auf die gemeinsame Aufgabe und nicht auf ein formales Perfektionsideal verpflichtet. So wird der persönliche Mut der Mitarbeiter gefördert, sich mit ihren Ideen einzubringen und auch das Risiko einzugehen, Fehler zu machen. Denn Fehler sind unvermeidliche Zwischen- und Erfahrungsschritte in Innovationsprozessen.

Produktive Verrücktheit und natürliche Ordnung

Aber die Arbeit braucht nicht nur mutigen Elan, sondern auch produktive Verrücktheit. Ebenso wie die nächtlichen Träume das erstarrte Tagwerk nur erneuern können, indem sie sich querstellen und provozieren, sind Unternehmen auf Querköpfe, eigenwillige und heterogene Charaktere angewiesen. Allerdings bestimmt der Traumkiller »Normierung und Standardisierung« häufig auch die Auswahl der Mitarbeiter, vor allem im Management. Gesucht werden oftmals nicht Manager, die sich durch Markanz und Originalität auszeichnen, sondern die in ihrem Erscheinungsbild als ähnlich und anschlussfähig erscheinen. Das führt auch dazu, dass die Bewerber nicht ihre produktive Schrägheit kultivieren, sondern ihre Normiertheit pflegen. Wenn aber alle die gleichen Kompetenzen aufweisen, die gleichen Bücher lesen und den gleichen Moden und Trends folgen, hat das letztendlich zwei gravierende Auswirkungen: Es entsteht erstens ein Passepartout-Manager, der zu jedem Unternehmen passen könnte. Er kann zwar leicht seinen Arbeitgeber wechseln, lebt aber auch in der ständigen Angst, selbst ausgetauscht zu werden. Es entsteht zweitens eine unternehmerische Monokultur, die sich durch die Selbstähnlichkeit selbst bestätigt, aber unfähig wird, andere Perspektiven und neue Träume zu entwickeln.

Wie Normierung und Standardisierung produktive Verrücktheit verunmöglichen, zeigt sich oft sogar am eigenen Schreibtisch. In vielen Unternehmen soll am Arbeitsplatz eine perfekte Ordnung herrschen. Vor allem chaotisch aufgetürmte Aktenberge gelten als Produktivitätsrisiko. Eine als »Clean Desk Policy« deklarierte Aufräumdoktrin hilft beim Eliminieren des täglichen Chaos. Allerdings wird damit aber auch der Nährboden für persönliches Wohlbefinden, Effektivität und Kreativität beseitigt.

Denn die scheinbare Unordnung auf dem Schreibtisch ist Ausdruck einer gewachsenen natürlichen Ordnung, in der sich der Mitarbeiter bestens zurechtfindet, solange sie ab und zu »vertikutiert« wird. Intuitiv findet er hier die Dinge, die er sucht. Wie Studien zeigen, sogar wesentlich schneller als im stets aufgeräumten Büro. Denn der Mitarbeiter kennt die Bedeutung seiner selbst gebauten Stapel; er bewegt sich in seinem eigenen Ordnungssystem. Durch das rigorose Aufräumen des Schreibtischs würde er versuchen, die Tagesreste zu vernichten, die ihn doch weiter beschäftigen und die mitunter auch in den nächtlichen Träumen weiter bearbeitet werden. Die Aufforderung, »reinen Tisch zu machen«, folgt der Illusion, man könnte per Handstreich die Unruhe aus der Welt schaffen.

Die über Nacht verstreut liegen gelassenen Unterlagen erleichtern zudem am nächsten Morgen den Aufbau einer Arbeitsverfassung: Die »Lage der Dinge« sagt einem, wo und wie es weitergeht. Sie schafft eine geschichtliche Kontinuität im Arbeitsfluss. Die Papierberge fungieren aber auch als Mahnmal, das uns dazu motiviert, sie endlich abzuarbeiten. Außerdem eignen sich die Stapel als soziale Klagemauer: Man schottet sich von seinen Büronachbarn ab – türmt quasi stationär. Bei unwillkommenen Annäherungen bejammert man mit abwieglerischem Pathos die

Bürde seiner Arbeit. Allerdings: Zwischen der selbstdiszipliniierenden Papieranhäufung und der wichtigtuerischen Hochstapelei existiert oft nur ein schmaler Grat.

Das partielle »Chaos« am Arbeitsplatz schürt aber auch die Kreativität. Auf einem leergefegten Schreibtisch findet sich selten eine gute Idee. Denn Kreativität heißt, bestehende Ordnungen zu verrücken, offen zu sein für ganz andere Material-Einfälle. Mit anderen Worten: Problemlösung heißt, sich vom Problem zu lösen und so andere Gedankenverbindungen herzustellen. Das gelingt nun einmal besser auf einem reichhaltig gedeckten Schreibtisch. Und in einem Leben, in dem wir uns nicht zwanghaft zu abstrakten Ordnungen, ständiger Betriebsamkeit und geflissentlicher Kontrolle verpflichten. In einem Leben, in dem wir uns durch unsere Träume von den Tagesproblemen lösen, um sie am nächsten Tag neu zu lösen.

Dank

Beim Schreiben eines Buches gerät der Autor in Zustände beglückender Schöpfung und niederdrückender Erschöpfung. Von daher möchte ich von ganzem Herzen allen danken, die meine Erschöpfung wacker hingenommen und meine Schöpferkraft gestärkt haben. Meine Familie hat mit großem Verständnis ertragen, dass ich über viele Monate zwar ständig zu Hause anwesend, aber nur selten präsent war. Vor allem mit meiner Frau Katharina, die ebenfalls Psychologin ist und sich in ihrer Praxis auf die Behandlung von Patchworkfamilien spezialisiert hat, konnte ich immer wieder die Thesen des Buches diskutieren und weiterentwickeln. Ich verdanke ihr viele wichtige Impulse im Hinblick auf die Dramaturgie und den Ton meines Buches. Und sie half mir durch ihren ermunternden Zuspruch, einige Schreibkrisen zu überwinden. Meine Partner im rheingold-Institut – Judith Behmer, Johannes Dorn, Heinz Grüne, Hajo Karopka und Stephan Urlings – haben mir über viele Monate den Rücken frei gehalten und so erst ermöglicht, dass ich mich voll und ganz dem Buch widmen konnte. Durch ihre Forschungen und den kontinuierlichen Austausch mit ihnen habe ich viele wichtige Anregungen erhalten. Ein besonderer Dank gilt auch den Mitarbeitern und Projektleitern bei rheingold. Sie haben in den letzten Jahren über fünfhundert Studien durchgeführt, auf denen die Erkenntnisse des Buches basieren. Sehr stolz bin ich auch auf die Arbeit der vielen freien Psychologen von rheingold, die pro Jahr mehr als 5000 Tiefeninterviews allein in Deutschland durchführen. Ihre psychologischen Beschreibungen und Analysen bilden das empirische Fundament des Buches. Mein Lehrer, Professor Wilhelm Salber, hat mich vor allem bei der psychologischen Fundierung meiner Thesen unterstützt. Ohne seine wegweisenden Analysen, Aufsätze und Bücher zum morphologischen Zusammenhang von »Traum und Tag« wäre dieses Buch nicht möglich gewesen. Besonders hervorheben möchte ich auch meinen Onkel Dr. Günter Friedrich, dessen intellektuelle Tiefe und Breite mich immer wieder begeistert und der das Buchprojekt viele kritische und vor allem Mut machende Ratschläge zu verdanken hat. Besonders bedanken möchte ich mich auch bei meiner Lektorin Andrea Dietrich, die mich sehr klug, kompetent und engagiert unterstützt hat. Bei meinem Vater Manfred Grünewald möchte ich mich für das finale Korrekturlesen bedanken. Ein herzliches Dankeschön möchte ich schließlich meiner Kollegin Judith Behmer aussprechen, die mich durch ihre tollen Analysen bei der Titel- und Covergestaltung beraten hat, und meinem Kollegen Dr. Wolfram Domke sowie meinem Freund Peter Sprong, die für mich stets inspirierende Diskussionspartner waren.

Anmerkungen

1 Egon Friedell: *Kulturgeschichte der Neuzeit*, C. H. Beck Verlag, München 1989, S. 12.

2 *Stern* Nr. 16/14.4.2011, Titelthema.

3 »Gefühlte Epidemie«, in: *Die Zeit*, 1.12.2011.

4 Gloria Becker: *Liebe und Verrat*, Bouvier Verlag, Bonn 2010, S. 341.

5 Vortrag von Stephan Grünewald auf dem 3. Kopfschmerzsymposium in den Alpen: »Aus Kontroversen zu neuen Therapieoptionen, Schmerzmanagement zwischen universellen Mechanismen und individuellem Empfinden«, Veranstalter: Boehringer Ingelheim Pharma GmbH & Co. KG.

6 *Der Spiegel* Nr. 44/31.10.11, S. 131 f.

7 Ebd., S. 131.

8 Sigmund Freud: *Die Traumdeutung / Über den Traum*, Gesammelte Werke 2/3, S. Fischer Verlag, Frankfurt am Main 1999, S. 645.

9 Ebd., S. 646.

10 Wilhelm Salber hat selbst bei Anna Freud, der Tochter von Sigmund Freud auf der Couch gelegen und war mit ihr befreundet. In seinem Werk *Traum und Tag* (Bouvier, Bonn 1997) hat er die Grundgedanken der Traumpsychologie von Freud weiterentwickelt.

11 Freud hat eine Vielzahl von Mechanismen der Traumarbeit beschrieben, die den latenten Traumgedanken so weit entstellen oder verhüllen, dass er für uns annehmbar, erinnerbar und erzählbar wird. Bei der »Verdichtung« beispielsweise kann Getrenntes in Traumbildern zugleich da sein. Wir haben zum Beispiel im Traum den Eindruck, dass die Schwägerin gleichzeitig unsere Frau und unsere Mutter ist. Beim Mechanismus der »Verschiebung« werden zum Beispiel Wünsche anderen zugeschoben, oder der Traum zentriert den Gedanken um: Wichtiges – beispielsweise der Treppenaufstieg mit dem Anverwandten – wird zur Randepisode. Unwichtiges – etwa die Partygespräche mit unseren Freunden – wird wichtig und nimmt sehr viel Raum im Traum ein.

12 Wilhelm Salber: »Traum-Psychologie«, in: Linde Salber und Armin Schulte (Hg.): *Zwischenschritte 19: Traum, Träume, Träumen*, S. 83.

13 Ebd.

14 Sigmund Freud: *Die Traumdeutung / Über den Traum*, Gesammelte Werke 2/3, S. Fischer Verlag, Frankfurt am Main 1999, S. 281.

15 Ebd.

16 Wilhelm Salber: »Traum-Psychologie«, in: Linde Salber und Armin Schulte (Hg.): *Zwischenschritte 19: Traum, Träume, Träumen*, S. 83 f.

17 »Deutsch-Sein: Von einer Nation, die ihre Geschichte(n) verloren hat«. Eine qualitative Studie im Auftrag der Identity Foundation.

18 Johann Wolfgang Goethe: *Faust I*, Philipp Reclam jun. Stuttgart 1971, Z. 304–307.

19 Peter Watson, *Der deutsche Genius*, C. Bertelsmann Verlag, München 2010.

20 Ebd., S. 22.

21 Ebd., S. 15.

22 Ebd., S. 869.

23 Ebd., S. 879.

24 Ebd., S. 867.

25 Ebd., S. 880.

26 Ebd., S. 893.

27 Ebd., S. 893.

28 Siehe auch das Stichwort »Zerrissenheit« im Buch von Thea Dorn und Richard Wagner: *Die deutsche Seele*, Albrecht Knaus Verlag, München 2011.

29 *Die Zeit* Nr. 19/2012.

30 Studie im Auftrag der Stiftung »Humor hilft heilen« von Dr. Eckart von Hirschhausen.

31 *Die Zeit* Nr. 24/2012.

32 Internationale rheingold-Studie »Intimate and Intimidating – Understanding Trends and Patterns in Food and Eating Culture«.

33 Psychologische Studie zur Bedeutung der Heimat für den WDR, Köln 2008.

34 Ich hatte in meinem Buch *Deutschland auf der Couch* beschrieben, dass in der Talkrunde der gordische Knoten der deutschen Problemknäuel nicht einfach zerschlagen wird. Der Zuschauer wird im Laufe der Sendung Zeuge, wie sich die Problemfäden noch stärker ineinander verwickeln. Die rotierende Richtungslosigkeit der Talkshow ist daher mit einer Schunkelrunde vergleichbar: Wie beim Schunkeln im Karneval entsteht eine ungeheure Bewegtheit, es wogt immer wieder von rechts nach links und von links nach rechts. Aber diese Bewegtheit kommt nicht von der Stelle. Sie lässt das Publikum am Ende rastlos und ratlos zurück. Allerdings mündet der Meinungskarneval der Talkshow immer wieder in einem Aschermittwochsgefühl. Man ist am Ende bereit, Asche über alle

anwesenden Häupter zu streuen, seine Sünden einzugestehen und weiter an einer besseren und gerechteren Welt zu arbeiten.

35 Die Sinnbilder und Symbole, mit denen Träume arbeiten, gelten als verdächtig, weil sie durch ihre Mehrdeutigkeit jede offizielle Zensur unterlaufen können.

36 Wilhelm Salber, *Traum und Tag,* Bouvier Verlag, Bonn 1997, S. 82 f.

37 Heiko Ernst: »Unser persönliches Paralleluniversum«, in: *Psychologie Heute* 07/2011.

38 »Die deutsche Angst vor dem Kinderkriegen«, rheingold-Studie im Auftrag von Milupa.

39 Fritz Roth, *Das letzte Hemd ist bunt,* Campus Verlag, Frankfurt 2011, S. 11.

40 Ebd., S. 12.

41 Ebd., S. 12 f.

42 Ebd., S. 13.

43 Ebd., S. 13.

44 Ebd., S. 15.

45 »Die Absturzpanik der Generation Biedermeier«, eine rheingold-Eigenstudie zur aktuellen Jugendkultur, die von Ikea Deutschland finanziell unterstützt wurde.

46 Zu einem vergleichbaren Befund kommt auch die aktuelle Sinus-Studie über die Lebenswelten der Jugendlichen unter 18 Jahren: »Die Mehrheit der Jugendlichen … blickt schon vor dem Erwachsenenalter recht abgeklärt in die Zukunft und reagiert auf die an sie gestellten Anforderungen pragmatisch, flexibel und zielorientiert.« Marc Calmbach, Peter Martin Thomas, Inga Borchard, Boldo Flaig, *Wie ticken Jugendliche 2012?,* Verlag Haus Altenberg, S. 43.

47 Ebd., S. 43.

48 *Kölner Stadtanzeiger,* 7.4.2012.

49 Ebd.

50 Studie des rheingold-Institutes zur Bundestagswahl 2013.

51 Carl Zuckmayer: *Des Teufels General,* Bermann-Fischer Verlag, Stockholm 1946.

52 In seiner Abhandlung *Das Unbehagen in der Kultur.*

53 David Gelernter: »Wie wir mit unserem Leben in Verbindung bleiben«, in: *Frankfurter Allgemeine Zeitung,* 1.3.2010.

54 Ebd.

55 Tomáš Sedláček, *Die Ökonomie von Gut und Böse,* Carl Hanser Verlag, München, 2012, S. 22.

56 Ebd., S. 21.

57 Ebd., S. 339.

58 David Gelernter: »Wie wir mit unserem Leben in Verbindung bleiben«, in: *Frankfurter Allgemeine Zeitung*, 1.3.2010.

59 David Gelernter: »Ein Geist aus Software«, in: *Frankfurter Allgemeine Zeitung*, 15.6.2010.

60 Dieses und folgende Zitate: ebd.

61 Unveröffentlichte Abschlussarbeit von Heike Schroeter, Katharina Heinrich und Daniela Freund, Supervision Dr. Wolfram Domke: »Psychologische Wirkungsanalyse der Woche: Das Ganze und seine Teile«.

62 Siehe auch den lesenswerten Artikel von Evelyn Finger: »Ich habe auch Spaß!«, *Zeit online*, 30.11.2012.

63 Dabei vor allem sexuelle Hingabe, Trinken, Rauchen, Kiffen usw.

64 Tomáš Sedláček, *Die Ökonomie von Gut und Böse*, Carl Hanser Verlag, München, 2012, S. 340.

Literatur

Becker, Gloria: *Kontrolle und Macht*. Bonn 2010

Dieselbe: *Liebe und Verrat*. Bonn 2010

Dieselbe: *Soll ich – soll ich nicht?* Köln 2012

Blau, Wolfgang; Selene, Alysa: *German Dream: Träumen für Deutschland*. München 2007

Calmbach, Marc; Thomas, Peter Martin; Borchard, Inga; Flaig, Boldo: *Wie ticken Jugendliche? 2012: Lebenswelten von Jugendlichen im Alter von 14 bis 17 Jahren in Deutschland*. Düsseldorf 2012

Dorn, Thea; Wagner, Richard: *Die deutsche Seele*. München 2011

Ehrenberg, Alain: *Das erschöpfte Selbst*. Frankfurt am Main 2004

Ellias, Norbert: *Über den Prozess der Zivilisation*. Frankfurt am Main 1976

Ernst, Heiko: »Unser persönliches Paralleluniversum«, in: *Psychologie Heute* 7/2011

Finger, Evelyn: »Ich habe auch Spaß!«, auf: *Zeit online*, 30.11.2012

Foucault, Michel: *Wahnsinn und Gesellschaft*. Frankfurt am Main 1973

Freud, Anna: *Das Ich und die Abwehrmechanismen*. Frankfurt am Main 1984

Freud, Sigmund: *Das Unbehagen in der Kultur.* In: Ges. Werke XIV. 1930

Derselbe: *Studienausgabe Band II. Die Traumdeutung.* Frankfurt am Main 1982

Derselbe: *Die Traumdeutung / Über den Traum. Gesammelte Werke 2/3.* Frankfurt am Main 1999

Friedell, Egon: *Kulturgeschichte der Neuzeit*, Bd. 1. 13. Aufl. München 1999

»Gefühlte Epidemie«, in: *Die Zeit*, 1.12.2011

Gelernter, David: »Wie wir mit unserem Leben in Verbindung bleiben«, in: *Frankfurter Allgemeine Zeitung*, 1.3.2010

Derselbe: »Ein Geist aus Software«, in: *Frankfurter Allgemeine Zeitung*, 15.6.2010

Glaser, Hermann: *Kleine deutsche Kulturgeschichte von 1945 bis heute.* Frankfurt am Main 2004

Goethe, Johann Wolfgang: *Faust I.* Stuttgart 1971

Grimms Märchen. Frankfurt am Main/Leipzig

Großheim, Michael: *Zeithorizont.* Freiburg 2012

Herles, Wolfgang: *Wir sind kein Volk. Eine Polemik.* München 2004

Kahnemann, Daniel: Schnelles Denken, Langsames Denken. München 2011

Kamani, Nasanin: »Die Generation Angsthase«, in: *Kölner Stadtanzeiger*, 7.4.2012

Koch, Manfred: *Faulheit.* Springe 2012

Kris, Ernst: *Die ästhetische Illusion. Phänomene der Kunst in der Sicht der Psychoanalyse.* Frankfurt am Main 1952

Martenstein, Harald: »Der Terror der Tugend«, in: *Die Zeit* 24/7.6.2012

Münkler Herfried: *Die Deutschen und ihre Mythen.* Hamburg 2010

Pfaller, Robert: *Das schmutzige Heilige und die reine Vernunft.* Frankfurt am Main 2008

Riegel, Enja: *Schule kann gelingen! Wie unsere Kinder wirklich fürs Leben lernen.* Frankfurt am Main 2004

Roth, Fritz: *Das letzte Hemd ist bunt.* Frankfurt am Main 2011

Safranski, Rüdiger: *Romantik.* München 2007

Salber, Wilhelm: *Wirkungseinheiten.* Köln 1981

Derselbe: *Der Alltag ist nicht grau.* Bonn 1989

Derselbe: *Seelenrevolution.* Bonn 1993

Derselbe: *Traum und Tag.* Bonn 1997

Derselbe: *Psychologische Märchenanalyse.* 2. erw. Aufl. Bonn 1999

Derselbe: »Traum-Psychologie«, in: Linde Salber und Armin Schulte (Hg.): *Traum, Träume, Träumen. Zwischenschritte 19*, 1/2001

Schirrmacher, Frank: *Das Methusalem-Komplott.* München 2004

Schlesinger, Christian; Werner, Marcus: *Deutschland: sehr gut.* Köln 2010

Schroeter, Heike; Heinrich, Katharina; Freund, Daniela: *Psychologische Wirkungsanalyse der Woche: Das Ganze und seine Teile*. Unveröffentlichte Abschlussarbeit. rheingold-Akademie. Supervision Dr. Wolfram Domke.

Sedláček, Tomáš: *Die Ökonomie von Gut und Böse*. München 2012

Simmel, Georg: *Philosophie des Geldes*. Frankfurt am Main 1989

Sinn, Hans Werner: *Ist Deutschland noch zu retten?* München 2005

Sprong, Peter: *Das befreite Wort*. Berlin 2011

Szymkowiak, Frank; Dammer, Ingo: *Gruppendiskussionen in der Marktforschung*. Opladen 1998

Von Daldis, Artemidor: *Das Traumbuch*. München 1979

»Warum wir immer mehr arbeiten«, in: *Stern* 16/14.4.2011

Watson, Peter: *Der deutsche Genius*. München 2010

»Wenn die Nacht zum Alptraum wird«, in: *Der Spiegel* 44/31.10.2011

Willemsen, Roger: *Die Deutschen sind immer die anderen*. Berlin 2001

»Wir prüfen die Welt«, in: *Die Zeit* 19/3.4.2012

Worringer, Wilhelm: *Abstraktion und Einfühlung*. München 1981